우리는 왜 가짜 정의에 열광하는가

우리는 왜 가짜 정의에 열광하는가

비상계엄 이후 한국사회, 다시 정의를 말하다

김태형 지음

갈매나무

프롤로그

왜 다시 정의인가?

2024년 12월 3일 밤, 윤석열 정권이 비상계엄을 선포하고 국회에 군대를 투입하자 시민들이 자발적으로 국회로 모여들었다. 그들은 맨몸으로 계엄군의 총구 앞에 서고 장갑차 앞을 가로막으며 비상계엄 해제와 검찰독재정권 타도를 외쳤다.

시민들은 왜 윤석열 정권의 내란에 결연히 반대했을까? 왜 목숨을 걸면서까지 저항했을까? 이들이 보기에는 윤석열 정권뿐 아니라 그들의 명분 없는 내란이야말로 명백한 '부정의'였기 때문이다. 시민들은 내란을 저지하고 정권을 교체하는 일이 '정의'를 실현하는 길이라고 믿었다. 그렇게 시작된 빛의 혁명은 한국 사회를 넘어 세계 사회에까지 큰 감동을 선사했다. 한국 사람들이 정의를 간절히 원하며, 정의가 유린당하면 강렬한 분노를 표출하고 행동에 나선다는 것을 뚜렷이 보여주었다.

정의는 개인 간 관계에서도 중요하지만, 집단 혹은 국가 간 관계에서 더욱 중요하다. 예를 들어 국민에 의해 선출되지 않은 일개 국가공무원 집단이 법을 악용하고 권력을 남용하며 국민을 억압하려 든다면, 사람들은 그것이 부정의하다고 느낄 것이다. 선거를 통해 탄생한 정권이라도 억약부강抑弱扶强의 정치를 할 때나, 단지 강대국이라는 이유만으로 한국을 경제적으로 수탈하려고 들 때도 마찬가지다.

이렇게 정의 문제는 기본적으로 집단 혹은 국가 간 관계에서의 평등이나 공정과 관련하여 제기되어 왔다. 그러나 뒤에서 자세히 다루겠지만 사람들이 개인으로 파편화된 신자유주의 시대부터는 개인 간 관계에서의 정의 문제가 대단히 중요해졌다.

부정의에 잠식당한 한국 사회

대부분 한국인은 윤석열 정권이 탄생하기 훨씬 전부터 한국 사회가 부정의하다고 생각했다. 그 이유는 다음과 같다.

첫째, 한국 사회가 심각한 불평등 사회이기 때문이다. 《내일신문》·서강대 현대정치연구소·한국리서치가 2017년에 공동 실시한 신년 여론조사 결과에 의하면 '우리 사회의 부가 공정하게 분배되고 있다고 생각하느냐'는 질문에 응답자의 단 14.5%만이 '공정하다'고 대답

했다. 그중에서도 20대는 오로지 12.3%만 '공정하다'고 대답했다.[1]
한국은 토지 독과점 문제가 심각하다. 2021년에는 부동산에서 발생하는 불로소득(매매차익 + 부동산 임대소득에서 매입가의 이자를 공제한 부분)이 461.7조 원이나 발생했다.[2] 극소수 토지 점유자들만 누리는 막대한 불로소득을 보면서 한국 사회가 정의롭다고 인식하기는 힘들 것이다. 한국인 약 85~90%는 부의 불평등 문제가 심각하다고 보며, 80% 넘게 부가 대물림된다고 생각한다. 그 원인이 무엇이든 간에, 사람들은 심각한 부의 불평등 혹은 양극화를 부정의하다고 생각하기 마련이다.

둘째, 한국인의 삶이 갈수록 피폐해지고 있어서다. 삶의 질이 계속 저하되고 있음을 보여주는 지표는 수없이 많다. 무엇보다 한국은 수십 년째 자살률 1위를 기록하는 명실상부 자살 공화국이다. 2025년 8월 17일 자 《머니투데이》는 특집 기사 〈자살 방치 사회 1편 : 망각한 자살률 1위 오명〉을 통해 자살 문제의 심각성을 환기했다.

지난 30년간 우리나라 국민 34만여 명이 자살했다. 매년 1만 1,000여 명꼴이다. 지난해에는 36분마다 1명씩 자살했다. 우리나라는 2003년부터 자살률(인구 10만 명당 자살자)이 20명 밑으로 한 번도 떨어지지 않은 유일한 OECD(경제협력개발기구) 국가다. 'OECD 자살률 1위'라는 부끄러운 타이틀을 20년 동안 유지하고 있다.[3]

통계청의 '연도별 자살률 추이'에 의하면 한국의 자살률은 1995년 10명, 2003년 20명이었다가 2009년 30명을 돌파했다. 이렇게 지난 30년간 지속해서 높아지다가 2011년 31.7명으로 정점을 찍었다. 보건복지부 발표에 의하면 2024년 잠정 자살률은 28.3명으로 2013년(28.5명) 이후 11년 만에 28명을 넘어섰다.

1994년 이후 30년간 자살자는 33만 9,035명인데, 이것은 인구감소지역 지방자치단체 중 상위 다섯 곳(인천 강화군·강원 홍천군·강원 삼척시·전남 고흥군·충남 부여군)의 2025년 7월 말 인구 합계(31만 5,702명)보다 2만 3,333명이나 많은 수치다.[4] 그동안 한국에서는 소도시 하나가 통째로 소멸할 정도로 자살자가 많았고 지금도 하루에 평균 40명, 36분마다 1명씩 자살(2024년 자살자는 1만 4,439명이었다)하고 있다. 그럼에도 한국 사회는 자살 문제를 애써 회피하거나 외면하면서 거의 자포자기하는 중이다.

자살률은 삶의 질 저하, 특히 고립적 생존 불안과 밀접한 관련이 있다. 1997년의 IMF(국제통화기금) 사태, 2002년의 신용카드 대란, 2008년의 글로벌 금융위기 이후 1~2년간 자살률이 크게 높아졌다. 2020~2022년의 코로나19 팬데믹 이후인 2023년과 2024년에도 자살률이 상승했다. 이런 통계들은 삶의 질 저하가 자살의 주요한 원인으로 작용하고 있음을 강력히 시사한다.

한국 사회는 오랫동안 자살 문제를 해결하지 못한 결과 자살이 주요 사망원인으로 자리 잡았다. 통계청의 '사망원인 통계'에 따르면

2003년부터 자살은 20년 넘도록 암·심장질환·폐렴 등과 함께 5대 사망원인 중 하나였다. 안타깝게도 한국에서는 청소년과 청년층의 자살 비중이 큰데, 2023년 통계에 의하면 자살이 10~30대에서는 사망원인 1위였고, 40~50대에서는 2위였다.

한국인의 삶이 벼랑 끝에 있다는 것은 출산율에서도 확인할 수 있다. 2023년 한국의 합계출산율은 0.72명으로, 38개 OECD 회원국 중에서 유일하게 합계출산율이 1명을 밑돈다.[5] 인구학자들은 한국의 낮은 출산율은 전쟁 같은 극단적 상황이 아니라면 납득이 어려운 비정상적 수준이라며 놀라워한다. 한국 사람들은 대량으로 자살하고, 아이를 낳지 않는다. 인구 소멸로 멸망할 가능성이 높은 국가 순위에서 한국이 1등을 차지하는 건 당연한 일이다.

셋째, 인간관계가 처참할 정도로 악화해서다. 한국은 1990년대를 지나며 신자유주의 사회로 전환되었다. 이 때문인지 한국 사회는 치열한 개인 간 생존경쟁과 승자독식의 서열경쟁이 벌어지는 끔찍한 격투장으로 전락했다. 뒤에서 다시 설명하겠지만, 개인 간 생존경쟁과 서열경쟁은 크고 작은 공동체를 완전히 파괴해 인간관계를 악화시켰다. 이에 따라 한국에서는 사회정의 혹은 집단주의적 정의가 뒤로 물러서고 개인주의적 정의가 전면 부각하였다.

드라마 〈더 글로리〉는 이런 개인 간 정의를 다루고 있다. 주인공은 학생 시절 소위 일진에게 끔찍한 학교폭력을 당한다. 그녀는 긴 세월

와신상담 끝에 일진에게 복수함으로써 그들의 악행을 처벌한다. 〈더 글로리〉 주인공의 통쾌한 복수, 즉 정의의 승리는 개인 간 서열을 이용한 차별·멸시·갑질·학대 등이 일반화된 한국 사회에서 살아온 대다수 한국인에게 대리 만족을 선사했다.

한편, 드라마 〈폭싹 속았수다〉는 개인 간 생존경쟁과 서열경쟁으로 인해 가족공동체마저 파괴되는 모습을 그린다. 정신건강 최후의 보루가 어떻게 무너지는지 여실히 보여준다.

주인공 양관식과 오애순 부부는 심리학적으로 이상적 부모에 가깝다고 할 수 있다. 그들은 고된 노동을 묵묵히 감내하면서 헌신적으로 자식들을 뒷바라지했고, 변함없이 지지하며 격려해 주었다. 그래서였겠지만 양금명과 양은명 남매는 청소년기까지 별 구김살 없이 자라났다. 심리학적으로 표현하면, 정신건강이 우수한 사람으로 성장한 것이다. 그러나 성인이 된 남매는 부모를 원망하고 비난한다. 왜 그랬을까? 부모가 이상적이기는 했지만 가난했기 때문이다.

공부를 잘했던 양금명은 명문대를 졸업하고 번듯한 직장에 취직해 서열 상승에 성공한다. 그러나 그녀는 가난한 집 출신이기에 상대적으로 서열이 높은 타인들로부터 반복적 차별과 모욕을 경험한다. 게다가 IMF 경제위기 때문에 직장생활을 시작한 지 얼마 되지 않아 실업자가 된다. 그녀는 자신이 겪는 고통과 불행의 원인을 가난(낮은 서열)에서 찾았다. 그래서 가난한 부모, 서열 낮은 가난한 부모를 비난한다. 그 결과 그렇게도 좋았던 부모-자식 관계가 나빠진다.

오애순과 양관식은 딸인 양금명보다 훨씬 더 가난한 부모 밑에서 자라났다. 그러나 그들은 가난한 부모를 부끄러워하지 않았다. 오애순 세대까지만 해도 가난하다는 이유로 부모를 원망하거나 비난하지 않았다. 그런데 왜 어머니인 오애순보다 상대적으로 더 풍요로운 삶을 산 양금명은 부모가 가난하다는 이유로 부모를 원망하게 된 것일까?

어머니 오애순은 공동체가 있는 사회, 즉 집단 간 경쟁은 있어도 개인 간 혈투는 거의 없던 환경에서 성장했다. 삶은 가난하고 고단했으나 인간관계에서 상처 입을 일은 많지 않았고, 있더라도 자신이 속한 공동체(세 해녀 이모로 상징되는) 속에서 치유할 수 있었다. 반면 딸 양금명은 적어도 성인기, 그러니까 대학생이 되어 서울에 유학하던 시기부터 공동체가 사라진 사회, 즉 개인 간 생존경쟁과 서열경쟁이 치열해지며 사람들이 서로를 경계하고 공격하는 환경에서 생활했다. 이 때문에 그녀는 그럭저럭 돈도 벌고 서열 상승에도 성공했지만, 인간관계에서 상처 입는 일이 부지기수였다. 그러나 마음의 상처를 치유해 줄 공동체가 없었다. 계속 악화하기만 하는 자신의 상처와 고통을 주체할 수 없던 양금명은 아무 죄 없는 부모에게 분노의 화살을 돌린다.

신자유주의 시대 이후부터 한국인들은 개인 간 생존경쟁과 서열경쟁을 거치며 서로 상처를 주고받았다. 돈이 없는 것이 얼마나 비참하고 고통스러운지 뼈저리게 느꼈다. 자기 상처의 원인이 낮은 서열에 있다고 믿었기 때문이다. 가난한 집 자식들은 가난한 부모를 탓하게 되었고, 가난한 부모는 자신을 부끄러워하고 미워하게 되었다.

사람들에게 개인 간 경쟁을 강요해 공동체와 인간관계를 철저히 파괴한 신자유주의는 절대다수 사람을 가난하게 만들었다. 개인끼리 난투극을 벌이면서 피를 흘리도록 강요했다. 그 결과 자식은 가난한 부모를 원망하고, 부모는 가난한 자신을 혐오하며 자식을 향해 "이 애비처럼 살지 말라!"고 충고하는 음울한 시대가 도래했다. 이렇게 신자유주의는 가족공동체까지 파괴한다.

공동체의 전면적 파괴로 인해 모두가 개인화되고 파편화된 결과, 집단주의적 정의로부터 개인 간 정의 혹은 개인주의적 정의로 그 초점이 이동하게 되었다. 1980년대까지만 해도 한국인은 군부독재정권에 맞서 싸우고, 민주화운동이나 노동운동을 통해 사회정의를 실현하고자 했다. 그때까지만 해도 기득권층과 국민(노동자, 농민으로 이루어진 민중) 간의 불평등 관계를 개혁하는 것이 정의의 가장 중요한 목적이었기 때문이다. 그러나 신자유주의 시대 이후 한국인은 사회정의보다는 개인 간 정의를 실현하는 것을 더 중요시하게 되었다. 경쟁에서 공정하게 규칙을 적용하고, 상호주의 원칙에 따라 개인의 이익을 수호하는 것이 정의라고 생각하게 된 것이다. 한국인은 철저히 고립된 채 홀로 세상에 맞서는 고독한 개인으로 전락했다. 오직 개인 간 생존경쟁과 서열경쟁을 통해서만 생존과 서열 상승이 가능한 사회에서 살게 되었기 때문이다.

넷째, 국가를 신뢰할 수 없어서다. 한국은 '유전무죄, 무전유죄'가 국민 상식으로 통용되는 사회다. 2015년에 발간된 OECD 보고서에 의하면 한국은 사법제도에 대한 국민의 신뢰도가 조사 대상 42개 국가 중에서 39위로, 사법제도를 신뢰하는 국민이 27%에 불과했고 정부에 대한 신뢰도 역시 34%에 그쳤다.[6] 다른 것은 차치하고라도 사법제도 불신은 정의의 문제와 직결된다. 보통 사법부가 정의를 수호하는 최후의 보루라고 믿기 때문이다.

정의의 문제는 생존의 문제

부정의는 사회를 분열과 갈등으로 내몰아 인간관계를 악화한다. 인간관계 악화는 정신적인 만병의 근원이므로 부정의는 궁극적으로 사람을 병들게 만든다. 사회 구성원 대다수가 병들면 사회 개혁의 동력을 확보하기 힘들어질 뿐만 아니라, 사회 개혁을 위한 여러 노력이나 시도가 무위로 돌아갈 위험이 커진다. 게다가 사람들이 병들수록 광신적 극단주의 세력이 기승을 부리게 된다. 정치적 파시즘이나 사이비종교 같은 극단주의는 마음이 아픈 사람들을 파고들면서 세력을 확장하기 때문이다. 한국 사회에서 나날이 심각해지고 있는 극단주의는 이와 직접적으로 관련 있다.

국민 다수가 병들면 그 어떤 좋은 법이나 제도도 제 기능을 하지 못하는 심각한 상황이 올 수도 있다. 나는 오늘날의 한국 사회가 그런 상황에 바짝 가까워지고 있다고 생각한다. 정치학자 김비환은 이렇게 물었다.

만일 정의롭다고 여겨지는 제도를 채택했는데, 사람들이 그 제도가 잘 운용되는 데 필요한 역할을 제대로 수행하지 못할 때도 국가는 정의로울 수 있는가?[7]

앞에서 심각한 자살률과 출산율을 언급한 바 있다. 이와 관련해 OECD는 한국에서 자살률과 함께 정신질환 환자 수가 유독 증가하는 추세인 점이 우려된다는 내용의 보도자료를 내놓기도 했다.[8] 한국인들의 정신건강 악화는 그 규모와 속도에서 세계 최고 수준이다. 2021년 한국은 OECD 국가 중 우울증 환자 수 1위(36.8%), 불안 증상 환자 수 4위(29.5%)를 차지했다. 2022년 국민건강보험공단 자료에 의하면 한국에서는 우울증 환자가 이미 100만 명을 넘어섰고 그중 20대 여성이 가장 많다.[9] 이러한 통계는 한국인이 행복하지 않다는 것을 의미한다.[10] "나는 정신건강이 좋지 않아 고통스럽지만, 너무 행복해"라는 말은 성립할 수 없다. 정신건강은 행복의 필수조건이기 때문이다. 한국은 세계 10위권의 경제대국이지만, 2024년 발표에 따르면 한국인의 행복 순위는 OECD 국가 중 33위로 최하위권이다.

정신건강이 악화한다는 것은 한국인이 점점 더 심하고 빈번하거나 만성적인 고통에 시달린다는 의미다. 고통에 시달리는 사람은 화가 나기 마련이다. 2025년 서울대학교 보건대학원 'BK21 건강재난 통합대응을 위한 교육연구단'이 전국의 만 18세 이상 성인남녀 1,500명을 대상으로 진행한 설문조사 결과에 따르면 전반적인 정신건강 수준을 묻는 항목에 대해 48.1%가 '좋지 않다'고 대답했다. '보통'은 40.5%, '좋다'는 11.4%였다. '울분 수준'에는 심각한 울분(2.5점 이상) 비율이 12.8%로서 2024년(9.3%)보다 3.5% 증가했고, 장기적인 울분 상태(1.6점 이상)도 54.9%로서 2024년(49.2%)보다 5.7%나 상승했다.

이것은 한국인의 절반 이상이 답답하고 분한 상태가 지속되는 '장기적 울분 상태'를 겪고 있으며, 그 비중이 계속 증가하고 있음을 보여준다. 응답자들은 정신건강 악화의 원인으로 '경쟁과 성과를 강조하는 사회 분위기'(37%)와 '타인이나 집단의 시선과 판단이 기준이 되는 사회 분위기'(22.3%)를 지목했고, 정치사회 등 환경의 문제로는 국가통치권의 부정부패, 권력 오남용 등 정치환경 변화(36.3%), 국가시스템 운영이나 질서 유지의 균열·파행 등 사회질서(33%), 대형 안전사고·중대산업장 재해·사회적 참사 등과 같은 사회적 재난(23.1%)을 꼽았다.[11] 여기에서 '경쟁과 성과를 강조하는 사회 분위기'는 개인 간 경쟁이 초래하는 결과이고, '타인이나 집단의 시선과 판단이 기준이 되는 사회 분위기'는 서열경쟁으로 인한 존중불안(서열불안)과 연결되어 있다. 따라서 위의 조사 결과는 개인 간 불평등과 서열경쟁, 검찰독재 같은 정의의 문제가 한국인의 정신건강 악화에 큰 영향을 미치고 있다는 사실을 보여주고 있다고 말할 수 있다.

전체 국민 가운데 약 55%가 울분 상태에 있는 사회는 지속 가능하지 않다. 만일 근본적인 사회 개혁에 실패하여 정의를 실현하지 못한다면, 한국인의 울분이 건강하게 해소되지 못할 것이다. 심각한 수준의 울분은 한국인이 서로를 파괴하게 만들어 한국을 파멸로 이끌 것이다.

오늘날 한국 사회에서 정의는 시급하고 절실한 문제다. 즉 사람들이 병들어 백약이 무효인 극도의 위험 상황으로 나아가는 것을 방치하여 공멸하느냐 아니면 정의를 실현하기 위한 근본적 사회 개혁에 성공하여 행복한 미래로 나아가느냐를 결정하는 중요한 상황이다. 정의 없이 정신이 건강할 수 없고, 정의 없이 행복도 불가능하기 때문이다.

지금 정의를 다투는 이유

한국인들은 정의 요구 수준이 매우 높은 편이다. 한국인의 정의와 평등 요구 수준이 높다는 것은 여러 연구가 뒷받침한다. 이는 한국인이 세계적으로 유례를 찾아보기 힘든 '우리주의'와 '우리성'[12]을 지닌 민족이기 때문이다. 여기서 '우리'란 서로가 운명공동체라는 자각에 기초하는 일심동체 상태 집단이다. '우리주의'란 개인보다 우리를 지향하는 의식을, '우리성'은 우리주의가 심리적 특성으로 굳어지고 체화된 상태를 의미한다. 한국인은 먼 옛날부터 우리가 되어 살아가려는 열망을 간직해 왔다. 위화감 없이 우리가 되려면 무엇보다 모두가 평등해야만 한다. 그렇기에 한국인들은 불평등을 유달리 싫어하고 평등을 추구하는 성향을 지니게 되었다.

2012년의 아산정책연구원 조사에 의하면 미국인 가운데 38%만이 미국 사회가 정의롭지 않다고 생각한 데 비해, 한국 사회가 부정의하다 생각하는 한국인은 무려 74%이다. 그러나 객관적 기준으로만 따지면 미국이 한국보다 정의롭다고 말할 수는 없다. 이 때문에 《정의란 무엇인가》의 저자인 마이클 샌델도 위 결과를 바탕으로 미국이 한국보다 정의롭다고 결론 내리는 것은 오류라고 주장했다. 그는 한국인이 미국인에 비해 한국 사회를 더 불평등하다고 여기는 원인으로 한국인은 미국인보다 불평등 문제를 더욱 민감하게 생각하고 우려한다는 점을 꼽았다. 불평등에 매우 민감하게 반응하니, 불만도 많을 수밖에 없다는 의미다.[13] 이는 한국인이 위력에 별로 굴복하지 않고, 위력으로 타인을 지배하는 일을 정의롭지 않다고 보는 현상과도 관련이 있다.

안타깝게도 1980년대에 부정의의 화신이었던 군부독재정권이 '정의사회 구현'을 표어로 제시하는 바람에 '정의'가 기피 대상으로 전락하기도 했다. 그러나 신자유주의 시대를 거치면서 한국인들은 더욱 절박하게 정의를 찾기 시작했고, 2010년대에 《정의란 무엇인가》

라는 책이 일약 베스트셀러가 되면서 이 욕구가 폭발적으로 재점화되었다. 그 후 정의에 대한 한국인의 높은 관심과 열망은 개인주의적 정의라고 할 수 있는 '공정'에게 자리를 내주기도 했지만, 절대 퇴색하지는 않았다.

2024년 말 윤석열 검찰독재정권의 내란을 저지하고 2025년 정권 교체에 성공한 것을 통해서도 이를 확인할 수 있다. 오늘날 한국인은 온갖 부정의의 온상인 신자유주의적 자본주의 사회를 근본적으로 개혁하기를 바라고 있다. 그것이 곧 정의의 실현이고 승리라고 믿기 때문이다.

예전부터 한국인은 나이 든 어른을 아버지, 어머니라고 불렀다. 한국 부모는 자식만 아니라 자식의 친구까지도 다 자식처럼 여기며 사랑했고, 그에 상응해 자식의 친구는 그들을 아버님, 어머님이라고 불렀다. 한국인은 부모뿐 아니라 모든 어른을 부모로 모시고자 했고 자기 자식만 아니라 모든 후대를 자식으로 품으려 했다.

왜 그랬을까? 이는 한국인이 먼 옛날부터 모두가 한 가족이 되어 살아가는 대동세상을 뜨겁게 열망했기 때문이다. 예를 들어 한국인은 식당에서 일하는 아주머니를 이모라고 부른다. 자식에게 친한 친구를 소개할 때 그를 삼촌이나 이모라고 칭한다. 모두가 한 가족, 우리가 되어 화목하게 살아가는 대동세상을 향한 한국인의 뜨거운 열망이 오늘날까지도 언어 습관으로 남아있는 셈이다.[14]

이 책을 통해 독자들이 오늘날 한국인에게 가장 중요한 시대적 과제이자 초미의 관심사인 '정의'에 관해 되짚어 보기를 희망한다. 한국 사회를 정의로운 사회로 만드는 것은 바로 이 대동세상으로 나아가기 위한 필수조건이다. 평등 없이 정의가 없고, 정의가 없이 화목이 없다. 우리주의자인 한국인은 모두가 가족인 '우리'가 되어 화목하게 살아가는 대동세상에 대한 꿈을 포기할 수 없다. 한국 사회에 정의를 실현하는 것은 대동세상으로 나아가기 위한 위대한 여정의 시작이다.

목차

프롤로그 왜 다시 정의인가?　　　　　　　　　　　　　　　　　005

1부. 각자의 정의를 다투는 시대

1. 2024년 계엄의 밤, 드러난 대한민국의 민낯

집단주의적 정의론 : 역대 가장 개혁적인 중장년의 출현　　　029
태극기부대의 정의론 : 공포형 혹은 생존형 보수의 슬픔　　　033
개인주의 세대의 정의론 : '정의'보다 '공정'이 중요해진 이유　041

2. '우리' 된 적 없는 세대의 탄생

지금처럼 풍요로운 시대에 왜 생존불안인가?　　　　　　　　051
각자도생 서열경쟁 속 만성적 존중불안　　　　　　　　　　　056
체념 이후, 공정에 대한 과도한 집착　　　　　　　　　　　　064
"나 같은 고통을 겪지 않았으니 너는 말할 자격이 없다!"　　 069
2030 남성은 정말 보수화되었나?　　　　　　　　　　　　　　072

2부. 우리는 왜 가짜 정의에 열광하는가

3. 가짜 정의 1: 능력주의만이 해답이라는 착각

능력주의, 기득권의 도구가 되다 083
청년들이 능력주의를 지지할 수밖에 없는 심리 088
아무리 노력해도 능력이 늘지 않는 이유 095
역사상 능력에 따른 분배는 단 한 번도 없었다 103

4. 가짜 정의 2: 기계적 공정이 최선이라는 착각

능력이 안 되는 자에게는 할당을 반대한다 117
절차적 정의, 진정한 개혁을 포기한 대가 126

5. 가짜 정의 3: 페미니즘이 문제라는 착각

페미니즘이 분노를 만났을 때 137
남성 청년은 왜 페미니즘에 격하게 반발하나 142
여성들이 탄핵 시위에 더 많이 참여한 이유 150

6. 가짜 정의 4: 내가 곧 정의라는 착각

정상성 신화, 배제와 혐오의 그늘 159
정치적 올바름, 목적과 수단의 전도 165

3부. 진짜 정의 권하는 사회

7. 사람답게 살기 위해서는 정의가 필요하다

인간은 정의를 원한다   177
사회에 만연한 불평등이 위험한 이유   186
부정의는 사람을 파괴한다   195

8. 분배 정의에 관한 개인적 생각

기존 정의론의 한계는 무엇인가   203
생존권은 분배 대상이 아니다   214
사회적 존경을 분배하는 사회   223

9. 우리에겐 기본소득이 필요하다

한국 사회에서 분배 정의를 실현하기 위한 조건   233
기본소득이 공동체를 복원한다   241
누가, 왜 기본소득을 반대하는가   247

에필로그   사람들이 악해서 서로를 죽이는 오징어 게임을 할까?   257
미주   263
참고문헌 및 인용 출처   270

1부

각자의 정의를 다투는 시대

1장

2024년 계엄의 밤,
드러난 대한민국의 민낯

집단주의적 정의론 :
역대 가장 개혁적인 중장년의 출현

 어떤 학자는 사람, 혹은 집단마다 주장하는 정의가 다르기에 모두가 동의하는 정의란 존재할 수 없다고 말한다. 이런 주장에 완전히 동의하지 않지만, 누구나 상대적으로 더 중시하는 가치가 있음은 엄연한 현실이다. 이 책에서는 탄핵 시위에서 표출된 다양한 층위의 정의를 세대 기준으로 먼저 살펴보고자 한다.

 앞서 언급했듯, 2024년 12월 3일 윤석열 일당이 비상계엄을 선포하고 국회로 계엄군을 투입하자 많은 시민이 국회로 모여들어 맨몸으로 계엄군에 맞섰다. 그날 국회에서 계엄군을 온몸으로 저지했던 사람들의 주축은 중장년 세대다. 그들은 과거 박근혜 탄핵 시위에서도 주력이었다. 당시 중장년 세대는 시위에 열심히 참여했지만, 청년 세대의 참여는 상대적으로 저조했다. 청년 시절 시위에 열정적으로 참여한 경험이 있던 중장년 세대는 청년 세대의 시위 참여가 저조한 것을 몹시 안타까워하기도 했다.

오늘날 한국의 중장년 세대는 집단주의적 정의라 할 사회정의에 가장 민감한 집단이다. 여기서 중장년 세대는 2025년 현재 40대 중반에서부터 60대 초반을 일컫는다. 1960~1970년대에 태어나 어린 시절 놀이공동체 속에서 마음껏 뛰어놀며 성장할 수 있었던 유일한 세대다. 1950년대생은 성장하던 때 심각한 생존 위기에 시달렸기에 마음껏 놀 수 없었다. 당시 부모는 아이가 실컷 놀게 허용할 마음의 여유가 없었기 때문이다.

반면 60년대와 70년대에 태어난 세대는 마을공동체가 존재하는 동시에 경제 성장이 가속화되는 시기에 성장했다. 이 시기 경쟁은 집단 단위로 이루어졌기에, 중소규모 공동체는 건재했다. 이 시기의 부모는 미래를 낙관할 수 있었고, 마음의 여유가 생겨 아이들을 실컷 놀도록 허용했다. 60~70년대생 다수는 하루 종일 친구들과 동네에서 행복하게 뛰어놀았던 어린 시절 기억이 있다. 어릴 적 놀이공동체 경험은 정신건강은 물론 사회성 발달에 큰 도움이 된다. 한국인 고유 집단주의인 '우리주의'를 강화하는 중요한 밑거름이기도 하다. 중장년 세대는 한국이 신자유주의 사회로 전환되기 전 학창 시절을 보냈다. 그들은 초등학교, 중학교, 고등학교, 대학교 시절 내내 공동체 속에서 생활했다.

'공동체성' '우리성'이 가장 강한 집단인 중장년 세대는 청소년기와 청년기에 한국 사회를 뜨겁게 달궜던 민주화운동을 경험했다. 60년대생은 80년대 민주화운동을 겪으며 6월항쟁에서 군부독재를 굴복시켰다. 70년대생은 청소년기에 전국교직원노동조합의 영향을, 청년기에 한국대학총학생회연합의 영향을 받았다. 이들은 노무현이 대통령에 당선되는 데 일익을 담당하기도 했다. 이 시기까지만 해도 60~70년대생은 사회에서 가장 개혁적이고 진보적인 사회집단이었다. 가장 공동체성과 우리성이 강해 사회정의에 대한 요구가 높았기 때문이다.

신자유주의 투항과 각성의 연대기

90년대 초, 사회주의 진영이 붕괴하고 신자유주의가 한국을 점령하는 등 거대한 시대 변화가 찾아왔다. 공동체가 파괴되고 치열한 개인 간 경쟁이 시작됐다. 고립적 생존불안, 존중불안에 압도당한 다수의 중장년은 신자유주의에 백기로 투항했다. 마을공동체는 붕괴했다. 이들은 자식에게 사교육을 강요하기 시작했다. 아이들이 마음껏 놀도록 허락할 마음의 여유를 상실했기 때문이다. 중장년 세대는 '부자 되세요'라는 이명박의 달콤한 속삭임에 환호했고, '부자 아빠'가 되려는 열정을 불태우며 신자유주의에 빠르게 적응했다.

중장년 세대는 이명박을 대통령으로 선출했지만, 부자는 되지 못했다. 사회가 엉망이 되어간다는 불길한 예감은 2009년 노무현 전 대통령 서거 때 현실이 되며 이들에게 거대한 정신적 충격을 준다. 중장년 세대는 2014년 세월호 참사를 겪으며 신자유주의에 굴복해 사회정의를 포기했던 행보를 후회하기 시작했다. 그 대가가 무엇인지 뼈저리게 자각한 것이다.

잠에서 깨어나 정신을 차리기 시작한 중장년 세대는 다시 개혁과 진보 쪽으로, 집단주의적 정의인 사회정의를 중시하는 쪽으로 돌아섰다. 이들이 본래 자기 자리로 돌아왔음은 2025년의 대통령 선거 당시 이재명 후보 지지율을 통해서도 확인할 수 있다. 2025년 대선에서 60대의 이재명 후보 지지율은 48%였고, 김문수 후보 지지율은 48.9%였다. 거의 차이가 없었던 셈이다. 50~60대가 되면 보수화가 진행되어 보수로 표심이 기운다는 것을 고려할 때, 60대 지지율이 비등하게 나온 통계는 의미가 크다.

한국의 중장년 세대는 앞으로 나이를 더 먹더라도 변질될 가능성이 별로 없을 정도로 개혁적이고 진보적인 세대다. 이들은 공동체성과 우리성이 가장 강하기에 집단주의적 정의, 즉 사회정의에 큰 관심을 보이기 때문이다. 대한민국 정부가 사회정의를 실현하기 위한 개혁을 빠르고 효율적으로 추진한다면, 중장년 세대는 분명 이를 강력히 지지하는 주요 추진 세력이 될 것이다.

태극기부대의 정의론 :
공포형 혹은 생존형 보수의 슬픔

극우 세력의 강력한 지지집단인 노인 세대, 특히 태극기부대는 정의와는 담쌓은 세대처럼 보이기도 한다. 그러나 노인 세대가 극우 정치 세력을 지지하는 현상도 정의와 무관하지 않다.

오늘날 한국의 노인 세대는 '공포형 보수'다. 보수는 크게 합리적 보수와 비합리적 보수로 구분할 수 있다. 합리적 보수란 이성적 사고로 보수 이념이 자기에게 이익이 된다고 판단해 이를 받아들이고 신봉하는 이들을 뜻한다. 진보주의가 기존 사회를 개혁하려는 이념이라면, 보수주의는 기존 사회를 그대로 유지하려는 이념이다. 기득권 세력은 당연히 기존 사회의 개혁을 반대한다. 사회가 개혁되면 누려왔던 기득권을 상실할 가능성이 높기 때문이다. 이들은 사회가 영원히 변하지 않기를 바란다. 그래야 지금처럼 온갖 것을 누리고 떵떵거리며 살 수 있기 때문이다. 따라서 기득권 유지가 가장 중요한 이 세력이 보수 이념을 지지하는 일은 적어도 합리적인 선택이다. 그러나 한국의 보수 성향 국민 중 기득권 세력은 극소수에 불과하다.

한국 보수 성향 국민 중 압도적 다수는 비합리적 보수다. 이성적 사고에 기초하여 따져봤을 때 보수 이념이 자신에게 이익이 되지 않는데도 그것을 받아들이고 신봉하는 이들을 의미한다. 보수 성향 국민 대부분은 대체로 힘없고 가난하며 못 배운 어르신이다. 사회적 약자인 셈이다. 이들은 사회가 개혁되지 않으면 현재의 삶에서 벗어날 수 없다. 사회가 바뀌어야만 더 나은 삶을 살 수 있다. 따라서 이성적 사고에 기초해 손익계산을 한다면, 보수 이념이 아니라 진보 이념을 지지해야 한다. 그런데 왜 맹목적인 보수 지지자가 된 것일까?

윤석열 일당의 내란이 성공했다고 가정하자. 반국가 세력을 척결하기 위해 비상계엄을 선포한 윤석열 일당이 내란에 성공했다면, 말 그대로 수많은 국민을 반국가 세력으로 몰아 척결했을 것이다. 동조 세력을 찾아내겠다며 사회에 공포 분위기를 조성할지도 모른다. 어떻게 될까? 분명 보수를 지지하는 국민이 늘어날 것이다. 윤석열 정권에 맞서다 죽거나 갇히는 모습을 보면 사람들이 겁에 질릴 것이기 때문이다. 진보 정당이나 진보 사회단체에 가입해 그쪽 사람들과 엮이다가는 반국가 세력으로 몰려 죽임을 당할 수도 있다는 두려움에 휩싸이기도 할 터다. 이런 공포에서 벗어나는 가장 확실한 방법은 보수 완장을 차고 보수 집회에 나가 열심히 구호를 외치는 것이다. 독재정권으로부터 자신이 열렬한 보수임을 인정받으면, 적어도 죽음의 공포로부터 자유로워질 수 있다.

우리는 공포에 압도당하면 이성적 사고가 마비될 뿐 아니라 자신을 방어하기 위해 공포의 대상에 투항하고 굴복하기 마련이다. 그 결과 그들의 이념을 받아들이고 신념화하게 된다. 공포가 이념 선택에 결정적 영향을 미친다는 이론을 처음으로 제기한 사람은 지크문트 프로이트다. 그 유명한 오이디푸스 이론에 의하면 아들(국민)은 어머니(진보)를 좋아하는데, 반면 아버지(보수)를 증오해 죽이고 싶어 한다. 그러나 아들은 아버지에 대한 공포로 어머니를 배신하고, 아버지와 자신을 동일시해 그의 이념과 가치관을 받아들인다. 오이디푸스 이론은 이념이나 가치관 선택에 공포가 결정적인 영향을 미친다고 주장하는 최초의 심리학 이론인 셈이다. 심리학자 에리히 프롬도 공포가 이념 선택을 좌우한다고 주장했다.

오늘날 한국의 노인 세대는 해방 이후 좌우 정파 대결과 한국전쟁 중 대량 양민 학살을 경험한 불행한 세대다. 미군정과 이승만 정권은 그들을 반대하는 국민, 그들 눈 밖에 난 국민을 빨갱이로 낙인찍어 잔혹하게 학살했다. 이후 4.19 혁명이 일어나 세상이 바뀌는 듯했지만, 곧바로 5.16 군사쿠데타가 일어나 개혁 세력은 처참한 탄압을 받으며 궤멸했고, 박정희의 철권독재정치가 시작되었다. 1980년에는 서울의 봄이 와서 잠깐 세상이 바뀌는 듯도 했다. 하지만 전두환이 군사쿠데타를 일으켜 개혁 세력을 싹쓸이했고, 결연히 저항했던 광주시민을 무자비하게 학살했다. 한국의 노인 세대는 세상이 바뀌는 것처럼 보이더라도 곧바로 원상태로 돌아가고 만다는 역사의 반동을 반복적으로 경험했다. 그 과정에서 자신이 어느 편에 서 있어야 살아남을 수 있는지 처절하게 학습할 수밖에 없었다.

박근혜 탄핵 시위가 한창일 때, 탄핵을 반대하던 시위대에 있던 한 노인의 팻말에는 "군대여 일어나라!"라는 구호가 쓰여 있었다. 이것은 노인 세대가 보수 이념에서 벗어나지 못하는 결정적 원인이 무엇인지 명확하게 보여준다. 노인 세대는 이성적 사고에 기초해 보수 이념을 지지하는 세대가 아니다. 그들 마음속에는 언제든 군대가 출동해 상황을 뒤집을 수도 있다는 굳건한 믿음이 잠재해 있다.

이들 노인 세대는 이성적 사고가 아니라 공포를 통해, 그리고 살아남기 위해서 보수 이념을 선택한 공포형 보수 혹은 생존형 보수 집단이다. 그렇기에 마음 깊은 곳의 극우 세력·군대·국가폭력에 대한 공포가 사라지지 않는 한 이들은 보수 이념으로부터 해방될 수 없다. 합리적 설득으로 그들을 바꿀 수는 없다. 대화를 시도하거나 올바른 정보를 주려 해도 아예 듣지 않으며 "빨갱이들아! 저리 꺼져!"라고 불같이 화를 내는 이유는 바로 이 때문이다. 공포형 보수는 반국가 세력과 사소한 접촉만 해도 빨갱이로 몰려 죽임을 당하던 참혹한 시절을 통과했다. 혹시라도 진보 성향 사람과 대화하다가 설득당한다면 전향해야 할 텐데, 그러면 죽게 된다는 잠재된 공포가 마음 깊은 곳에서 올라온다. 그렇기에 대화나 토론을 아예 거부하며 격한 감정 반응을 드러내는 것이다.

노인을 위한 정의는 없었다

한국 노인 세대가 보수 이념이나 정당에 대한 맹목적 지지를 철회하지 못하는 데에는 노인 세대의 심리적 특징도 영향을 미친다.[1] 노년기의 중요한 과제는 인생을 최종 평가하는 일이다. 노인은 미래보다 과서를 많이 생각한다. 자신의 인생을 반추하다 보면 자연스레 평가하게 되는데, 나쁘게 평가하고 싶은 사람은 아무도 없을 터다. 모두 가치와 의미가 있는, 잘 산 인생으로 평가하고 싶어 한다. 잘못된 인생을 살았거나 헛살았다는 평가는 감당하기 힘든 고통을 유발하기 때문이다. 그렇기에 노인은 지나온 인생을 미화하기 마련이다.

원인이 무엇이었든 한국 노인 세대는 오랫동안 보수를 맹목적으로 지지해 왔다. 보수가 잘못이라고 인정하는 일은 곧 자신이 잘못된 인생을 살아왔다고 평가하는 것이나 마찬가지다. 중장년 세대까지는 자신이 잘못된 인생을 살아왔다고 과감하게 인정하는 용기를 낼 수 있다. 나머지 인생이라도 잘 살면 만회할 수 있기 때문이다. 그러나 노인 세대에게는 그것을 만회할 기회조차 없다. 이 때문에 노년기에 정치적 견해를 바꾸기란 대단히 어렵다.

노인 세대는 한국 사회가 자신이 국가에 공헌한 바를 공정하게 평가하지 않는다고 생각한다. 이에 억울함을 느낀다. 그들은 한국전쟁과 베트남전쟁에서 총을 들고 싸웠다. 대한민국 경제 성장을 위해 가장 열심히 일한 세대이기도 하다. 자신들이 목숨을 바쳐 나라를 지켰고, 인생을 바쳐 국가 경제를 일으켰다고 믿는다. 평생 위로는 부모를 봉양하고, 아래로는 자식을 위해 무한히 헌신했다. 영화 〈국제시장〉에 나오는 아버지처럼 가족을 부양하기 위해 독일에서 석탄도 캤고, 중동에서 땀도 흘렸으며, 베트남에서 피도 흘렸다. 자식을 위해서라면 기꺼이 소도 팔았고, 집과 땅을 팔면서까지 헌신적으로 뒷바라지했다.

그런 노인 세대에게 돌아온 것은 노년기의 빈곤과 잉여 인간 대접뿐이었다. 한국 사회는 노인 세대를 돌보지 않았다. 그들이 가족, 특히 자식을 위해 모든 걸 바쳐 헌신했음에도 불구하고 폐지를 주우며 어렵게 살아가도록 방치했다. 돈으로 인간의 가치를 평가하는 한국 사회는 더 이상 돈을 벌지 못하는 노인들을 투명 인간 취급했다. 심지어 가족조차 경제력 없는 늙은 부모를 부담스러워하고 껄끄러워했다.

한국 사회에서 노인들이 설 자리는 없다. 노인 세대는 자신들이 사회를 위해 한 역할이 지대함에도 제대로 보상받지 못한다고 느낀다. 자신들이 사회를 위해 했던 행동이 정당하게 평가받지 못했다고 느낀다. 사람들은 역할과 보상, 행동과 평가 사이의 불일치를 부정의하다고 여기기 마련이다. 행동에 대한 공정한 평가가 없다면 부정의하다고 인식하는 것이다. 노인 세대는 자신의 역할이 폄훼당하고, 공정하게 보상받지 못하고 있다고 생각해 한국 사회가 부정의하다고 믿는다. 그래서 몹시 억울하고 화가 나 있다. 이것은 다른 세대처럼 노인 세대에게도 정의라는 가치가 중요하게 작용한다는 사실을 시사한다.

한국 사회가 노인 세대에게 줄 수 있는 가장 큰 선물은 그들의 마음속 깊은 공포를 제거하는 일이다. 세기를 이어온 공포로부터 그들을 온전히 해방하는 일이다. 완전한 내란 종식과 사회 대개혁에 성공하여 극우 정치세력이 몰락한다면, 나아가 남북 관계가 개선되어 한반도에 평화가 찾아온다면, 노인 세대의 공포는 완전히 사라질 것이다. 이것이 중장년 세대 이하의 한국인이 노인 세대에게 줄 수 있는 최고의 선물이다.

한국 사회는 노인들이 생존불안에 시달리지 않고 편안하게 살아갈 수 있는 조건을 보장해야 한다. 그래야 노인 세대가 자신의 역할이 공정한 보상을 받게 되었다고 판단해 노여움을 거둘 것이다. 한국 사회가 돈이 아닌 사회적 기여도에 따라 인간의 가치를 평가하는 사회가 된다면, 노인들은 돈을 기준으로 자신을 스스로 저평가하고 혐오하던 덫에서 빠져나올 수 있을 것이다. 또한 한국 사회가 노인을 대하는 태도도 크게 개선될 것이다.

물론 노인 세대가 했던 모든 행동이 옳다고 평가할 수는 없다. 그러나 노인 세대가 기본적으로 선한 동기를 가지고 살아왔으며, 시대적 상황으로 인해 그들에게 선택권이 없었음을 인정해 주어야 한다. 예를 들어, 노인 세대가 베트남전쟁에 참전한 일을 정의롭다거나 잘한 행동이라고 평가할 수는 없다. 하지만 그 당시 상황에서 그들에게 참전은 어쩔 수 없던 일이었다. 한국 사회가 돈의 유무를 기준 삼아 노인 세대를 저평가하지 않고, "고생하셨다, 애쓰셨다"고 평가하기만 해도 노인 세대는 화난 마음을 누그러뜨릴 것이다. 이와 같은 그동안 노인 세대의 행동에 대한 공정한 평가야말로 그들에게 정의이기 때문이다.

개인주의 세대의 정의론:
'정의'보다 '공정'이 중요해진 이유

2024~2025년 탄핵 시위에는 청년 세대가 대거 동참했다. 이번 탄핵 시위 이전까지만 해도 요즘 한국 사회 청년들은 정치 문제에 무관심한 세대로 인식되었다. 많은 이가 청년 세대의 참여를 반기면서도 놀랐다.

나는 탄핵 시위 이전 출간한 《한국인의 마음속엔 우리가 있다》에서 한국인에겐 '우리주의' '우리성'이 있다고 주장했다. 꽤 많은 사람이 "당신의 주장은 기성 세대에만 들어맞지, 청년 세대에는 맞지 않는 것 아니냐?"라고 의문을 제기했다. 청년 세대는 개인주의 세대이므로 한국인 고유의 우리주의, 우리성을 거의 상실하지 않았느냐는 요지다. 나는 민족 심리나 민족성은 하루아침에 만들어지지 않듯, 그것이 하루아침에 사라지기란 쉽지 않다고 답했다. 비록 청년 세대는 기성 세대보다 우리주의가 약화된 상태지만, 그들 역시 한국인이므로 계기만 있다면 그들 안에 잠재된 우리주의가 전면화될 수 있다고 생각했기 때문이다.

청년 세대가 탄핵 시위에 동참하는 모습은 그들도 우리주의를 가지고 있음을 분명하게 보여주었다. 앞서 언급했듯 윤석열 일당이 국회로 계엄군을 투입했을 때 제일 먼저 국회로 달려간 사람은 중장년 세대였다. 탄핵 시위에 참여하는 청년에게 그 이유를 물어보면 절대다수는 부모 세대의 어른들이 맨몸으로 계엄군에 맞서는 장면을 보며 미안함, 부채감을 느꼈다고 대답한다.

이는 청년들이 개인이 아닌 집단, 우리의 입장에서 계엄을 바라보고 행동했음을 의미한다. 만일 청년들이 개인주의를 고수했다면, 계엄군을 저지하러 나간 중장년 세대를 자기와는 무관한 남으로 여겨 미안함이나 부채감은 느끼지 않았을 터다. 청년 세대는 계엄군을 저지하러 나간 중장년 세대를 자신과 연결된 '한 가족' 나아가 '우리'로 인식했다. 이는 가족공동체에 닥친 공동의 위기를 해결하고자 고군분투하는 부모를 지켜보는 자식의 마음과 다르지 않다. 윤석열 일당의 불의한 계엄 시도로 인해 청년 세대 마음속에 잠재되어 있던 우리주의가 깨어난 셈이다.

반면 청년 세대는 여전히 집단주의적 정의나 사회정의보다 개인주의적 정의를 중요하게 생각한다. 그들은 사회 개혁을 통해 부조리나 불평등을 해결하기보다 개인 간 경쟁이 공정하게 진행되도록 하는 일에 더 관심이 많다. 청년 세대는 사회적 차원의 정의보다 개인적 차원의 정의를 선호하며, 이를 '공정'이라 일컫는다. 공정은 신자유주의 시대를 대표하는 가치다. 청년 세대가 개인주의적 정의를 중시하게 된 이유를 알기 위해서는 그들이 어떤 환경에서 성장했는지 살펴봐야 한다.

진정한 FAIR 세대의 탄생

《매일경제》는 2019년 청년 세대를 다루는 기사에서 20대의 사회 인식을 FAIR라는 단어를 빌어, 네 가지 키워드로 요약했다. 각각 공정(Fairness), 성취(Achievement), 개인주의(Individualism), 분노(Rage)를 가리킨다.[2] 이 기사가 꼽은 청년들의 네 가지 사회 인식 중 공정과 성취는 개인주의와 직접적으로 연결된다. 공정은 개인주의적 정의를 상징하는 단어고 성취는 개인주의적 성공과 출세를 의미하기 때문이다. 이는 청년 세대가 개인주의 성향이 강한 세대임을 시사한다.

개인주의는 16~17세기 서양에서 르네상스, 종교개혁, 과학혁명 같은 역사적 사건을 거치며 형성되었다. 초기 개인주의는 독립적이고 자율적인 개인을 최고 가치로 여기는 이념으로, 봉건지배층의 억압과 착취 그리고 종교 권력의 횡포로부터 개인의 자유와 권리를 지켜내는 데 큰 힘이 되었다. 이는 시민혁명과 인권운동으로 이어진다. 그러나 자본주의가 심화하며 개인주의는 진보적 성격보다 보수적 성격을 띠게 된다. 가난하고 힘없는 민초가 아니라 자본가의 무기로 변질된 셈이다. 신자유주의 시대에 개인주의는 민중의 단결과 저항을 무력화하는 역할을 담당한다. 자본주의 사회 지배층인 독점자본가계급은 사람들에게 개인 간 경쟁을 강요했고, 그 과정에서 개인주의를 개인이기주의와 동의어로 만들었다. 결국 개인주의는 자본주의 사회를 대표하는 지배적인 사조가 되고 만다. 청년 세대는 신자유주의의 최대 피해자로, 어려서부터 개인 간 경쟁으로 내몰린 그들은 성장 과정에서 개인주의를 내면화하였다.

현재 나이 30대에서 40대에 걸친 80년대생은 청소년기 무렵부터 신자유주의의 영향을 받았다. 그들은 아동기 혹은 청소년기까지는 공동체 문화를 경험했지만, 이후로는 개인 간 경쟁사회에서 성장했다. 공동체주의를 경험한 세대와 이를 전혀 경험하지 못한 신세대 사이에 낀 과도기적 세대인 셈이다. 신자유주의로 급변하는 한국 사회에서 청년기를 보내며 정신적 혼란을 겪기도 했지만, 노무현 정부와 촛불 항쟁을 경험했기에 진보적 성향도 강하다.

반면 90년대 이후 태어난 세대는 어려서부터 신자유주의의 영향을 강하게 받으며 성장했다. 이들은 현재 청년 세대 다수를 차지하는데, 대체로 외동이고 사교육에 시달리며 성장했다. 놀이공동체 경험이 없기에 혼자서 생활하는 게 익숙하다. 90년대부터 본격화된 왕따나 학교폭력을 경험한 적도 많은데, 이들이 학교에 다닐 무렵은 학교 공동체가 붕괴한 이후이기 때문이다. 그렇기에 학교폭력을 다룬 드라마 〈더 글로리〉가 자기 이야기라고 생각하며, 학교폭력이 사회적 이슈로 떠오르면, 자기 일이라도 되듯 폭발적으로 반응하기도 한다.

오늘날 청년 세대 특징 중 하나는 친한 친구가 대체로 초등학교 친구라는 점이다. 과거에는 초등학교는 물론이고 중고등학교, 심지어 대학교에서도 평생을 함께할 친한 친구를 사귀는 일이 드물지 않았다. 하지만 오늘날 청년들은 개인 간 서열경쟁이 학교마저 점령한 분위기 속에서, 상대적으로 경쟁이 덜 치열한 초등학교 시절에나 마음 편한 친구를 만나는 듯하다. 심지어 이제는 그조차도 힘든 사회가 되어가는 모양새로, 형제도 친구도 없이 혼자인 것이 편한 청년들이 날이 갈수록 증가하고 있다.

《공정하지 않다》의 저자인 박원익과 조윤호는 "무한경쟁을 강요하는 사회구조, 여러 정체성과 취향으로 갈라진 SNS와 인터넷 커뮤니티 등으로 오늘날 청년들의 삶은 고립되고 파편화되었다"[3]고 개탄했다. 그러나 청년들은 사회생활과 동시에 개인화된 게 아니다. 아주 어렸을 때부터 고립되고 파편화된 채 성장했기 때문에 개인화된 어른이 된 것이다. 청년들은 늦잡아도 중학생이 되는 청소년기부터 개인 간 경쟁사회의 쓴맛을 보기 시작한다. 일찍부터 약육강식의 세상 속에서 자라온 청년들에게 경쟁은 마치 공기처럼 당연하다.

누구보다 외롭고도 간절한

오늘날 청년 세대는 어릴 적 IMF 경제위기, 미국 발 금융위기를 겪었고 한국 경제가 저성장 시대에 들어섰을 때 사회생활을 시작했다. 어려서부터 외톨이로 살아온 청년들을 기다리고 있는 건 불안정한 비정규직 일자리였다. 박원익과 조윤호는 다음과 같이 말했다.

1997년 IMF 이후에 태어난 아이들은 지금 만 스무 살이 되었다. 오늘날 20대들, 90년대생의 대부분 기억은 IMF 이후의 한국 사회에서 시작한다. 이들은 2008년 미국발 경제위기 시절에 성장기를 보냈다. 이들 눈에 비친 한국 사회는 정규직보다 비정규직이, 평생직장보다 상시해고가 일상이 된 모습이다. … 독립적인 사회인으로서 경제생활을 할 수 있는 기회 자체가 이렇게 적은 시대는 없었다.[4]

요즘 초등학생의 꿈은 정규직이라는 말이 있다. 청년들의 미래는 그만큼 암울하며, 그들은 죽을힘을 다해 개인 간 경쟁에서 승리해야만 한다는 엄청난 두려움과 압박감에 시달린다. 이들에게 같은 세대 청년은 연대와 단결의 대상이 아니다. 친구가 될 수 있는 대상은 더더욱 아니다. 경쟁사회에서 타인은 경계와 불신의 대상이자 경쟁자, 그것도 아니라면 적일 뿐이다.

오늘날 청년들은 모든 공동체가 붕괴하고 인간관계가 급속도로 악화한 시기에 태어났다. 이들은 인간관계에서 긍정적 경험보다 부정적 경험을 더 많이 겪었다. 그렇기에 청년들은 사람을 믿지 않거나 두려워하고, 심한 경우 혐오하기까지 한다. 게다가 어린 시절 놀이공동체를 겪지 못했기 때문에 대인관계 능력이 발달하지 못한 경우가 많다. 그 결과 인간관계에 서툰 것을 뛰어넘어, 대인공포증을 보이는 청년들 수도 늘어났다. 오늘날 한국에서 은둔형 외톨이가 많아진 까닭이 여기에 있다.

청년 세대는 연대와 단결의 가능성에 회의적이다. 따라서 이들은 공동체나 사회에 관심을 보이지도 않고, 그것을 위해 헌신하려는 의지도 거의 없다. 〈응답하라 1988〉이나 〈폭싹 속았수다〉 같은 드라마는 청년 세대에게 판타지나 다름없다. 공동체 경험이 거의 없어 감정적으로 공감하지 못하기 때문이다.

청년 세대의 성장 과정과 생활환경을 고려할 때, 이들이 보이는 개인주의는 너무나 당연하다. 한국 대학생은 무임승차를 극도로 싫어하고 협력에 익숙하지 않아 조별 토론이나 과제를 좋아하지 않는다. 외국 대학에서 유학하는 한국 학생이 이런 성향을 드러내면 그 나라 학생들이 당황할 정도라고 한다. 한국 청년들의 개인주의 성향이 개인주의 종주국이나 다름없는 서구 청년들과는 또 다른 차원임을 보여주는 모습이다.

분명 한국의 청년 세대는 다른 모든 세대 중 개인주의 성향이 가장 강하다. 하지만 청년 세대도 한국인이기에 연대 의식이나 우리주의를 분명 지닌다. 단지 그것이 기성세대만큼 강하지 않고, 개인주의로 억제되고 있을 뿐이다. 청년 세대는 성장 환경과 과정 그리고 사회적 처지를 공유한다. 그렇기에 다른 청년에게 감정을 이입하고 온정적 시선을 취하기도 한다. 구의역 김군 사건이 이를 잘 보여준다. 사고 당시 열아홉 살이었던 비정규직 노동자 김군이 구의역에서 스크린도어를 혼자 수리하다 숨졌다. 그 소식을 접한 청년들은 김군이 숨진 자리에 추모의 말을 적은 포스트잇을 붙이고 국화꽃, 컵라면과 나무젓가락, 생일 케이크를 두며 연대감을 표현했다. 청년 세대에게도 단결과 연대의 가능성이 있음을 무엇보다도 잘 보여준 사건이다.

다음 장에서는 이렇듯 혼란스럽고도 양면적인 청년 세대의 불안한 심리를 조금 더 깊이 들여다보며, 그 속에서 연대의 가능성을 탐색해 보고자 한다.

2장

'우리' 된 적 없는
세대의 탄생

지금처럼 풍요로운 시대에
왜 생존불안인가?

오늘날 청년 세대는 역사상 생존불안이 가장 심한 세대다. 이들은 어려서부터 열심히 공부하지 않으면 나중에 굶어 죽는다는 말을 들으며 자랐다. 요즘 초등학생들이 중학교에 진학하고 나서 가장 자주 하는 말 가운데 하나가 "세상은 약육강식이죠"라고 한다. 자신이 속한 사회가 개인 간 약육강식 경쟁이 벌어지는 잔혹한 정글이라는 인식을 학창 시절부터 체험하는 것이다. 이들은 성적이나 집안 배경을 기준으로 개인 간 서열경쟁을 경험한다. 인간관계가 악화해 일상적으로 학교폭력이 자행되는 모습을 보며 생존불안은 더욱 심해진다.

대학에 진학한 청년들은 졸업 후 제대로 된 일자리를 얻지 못할까 봐 전전긍긍하며 대학 시절을 전부 취업 준비에 바친다. 오늘날 한국 청년들은 20대 시절을 대부분 '산업예비군'으로 취급받는다. 한국 역사에서 이렇게 길게 취업을 준비하는 세대는 없었다. 그럼에도 청년

대부분의 첫 직장은 비정규직이다. 2019년, 고용노동부와 한국노동연구원이 공동 조사한 〈특수형태 근로종사자의 규모 추정〉에 의하면 새롭게 생긴 '특수고용노동자'가 55만여 명이나 된다. 대표적으로 플랫폼 노동자를 비롯한 이들이 특수고용노동자로 분류된다.

한국에는 노동자면서 노동자로 인정받지 못하는, 노동자로서 권리도 누리지 못하는, 사각지대에 놓인 불안정한 노동자가 해마다 늘어나고 있다.[5] 2025년에는 경제활동과 구직활동에 참여하지 않고 '쉬는' 청년들이 약 41만 명이었다.[6] 특히 '공시족'들은 시험 준비에 평균 1년 1개월을 투자했으며, 그 기간 취업 준비를 위해 사용한 비용만 월평균 180만 원에 달했다.[7] 청년 세대는 암울한 미래를 머리에 얹고 불안정한 일자리에서 하루하루 버티고 있다. 이들의 생존불안이 얼마나 심각할지 강조하지 않아도 알 만하다.

힘든 날은 있어도 외로운 날은 없던 시절

오늘날 청년 세대가 한국 역사상 가장 심각한 수준의 생존불안에 시달리고 있다고 말하면, 어떤 이들은 "지금처럼 풍요로운 시대에 무슨 생존불안이냐?"라고 반문한다. 그러나 이는 오늘날 한국 사회가 경험하는 생존불안의 성격이 과거와 크게 다르다는 사실을 모르기에 하는 말이다.

드라마 〈폭싹 속았수다〉에 가장 양관식이 실직한 뒤 재취업을 하지 못해 가족이 굶어 죽을 위기에 처하는 장면이 나온다. 일가족이 동반 자살이라도 할 법한 위태로운 상황이었다. 그런데 애순이 아침에 일어나 빈 쌀독을 들여다보면 늘 세 식구가 하루 먹을 만큼의 곡식이 있었다. 그것으로 하루를 연명하고 다음 날 쌀독을 열면 또 그만큼의 곡식이 있었다. 누군가가 애순 가족에게 기본소득을 지급했던 셈이다. 기본소득을 지급한 사람은 누구였을까? 그들이 세 들어 살던 주인집 노부부다. 그들 역시 부유하지 못했다. 하지만 애순 가족이 굶어 죽지 않도록 매일 하루 먹을 곡식을 빈 쌀독에 넣는 수고를 마다하지 않았다.

과거 한국인은 지금보다 훨씬 가난했다. 그래도 중소규모 공동체가 건재했기에 기댈 수 있는 이웃과 공동체가 있었다. 이 공동체는 힘들고 어려울 때 서로의 쌀독에 쌀을 부어주었고, 따뜻한 위로와 격려를 건넸다.

한국인은 기나긴 세월 동안 크고 작은 공동체를 이루면서 개인의 생존을 무리 단위로 책임지는 전통과 문화를 견지했다. 절대적 기준에서 보면 빈곤했지만 공동체에 기초하는 기본사회에서 함께 생존 문제를 해결할 수 있었다. 흉년이 들면 모두가 굶더라도 서로 위로하고 격려해 그 고난을 이겨냈고, 풍년이 들면 함께 배불리 먹어 기쁨을 나눴다. 한국에서 개인이 홀로 본인의 생존 문제를 책임지기 시작한 지는 얼마 되지 않았다. 정확히 말하자면 1990년대부터인데, 그

시점부터 한국의 자살률은 세계 1위로 급증해 지금까지 떨어지지 않았다. 이웃과 함께 겪는 생존불안과 달리, 고립된 개인이 홀로 겪는 생존불안은 무척 견디기 힘들다는 것이 드러나는 대목이다.

과거의 생존불안은 고립된 상태에서 나 혼자 겪는 생존불안이 아니라 공동체적 생존불안이었다. 오애순 가족은 주인집 노부부를 비롯해 이웃의 물질적·심리적 도움을 받아 공동체 속에서 위기를 극복했다. 요즘이었다면 오애순 가족은 어떻게 됐을까? 희망을 잃고 고립된 애순 부부는 절망에 허우적거렸을 테고, 주인집은 월세를 내지 못하면 방을 빼라고 통보했으리라.

한국인은 예전보다 훨씬 부유하다. 그러나 공동체가 없다. 힘들고 어려울 때 도움을 주고 정서적 지지를 건네는 이웃이 없는 셈이다. 생존불안을 홀로 감당하거나 이겨낼 수 있는 사람은 없다.

엄마 오애순의 가난한 삶을 평가절하하며 비난하던 딸 양금명은 엄마가 살아왔던 인생을 자세히 알게 된다. 그리고 어머니의 인생을 자신의 인생과 비교하며 이렇게 말한다. "힘든 날은 있었어도 외로운 날은 없었다는 엄마의 인생은 돌아보니 낙원이었다."

엄마 오애순은 가난하더라도 공동체 속에서 이웃과 함께 생존불안을 견딜 수 있었다. 반면 딸 양금명은 어머니와 달리 고립적 생존불안에 시달렸다. 금명은 생존불안을 홀로 감당할 수밖에 없었고, 결국 지쳐 쓰러지고 만다. 오늘날 청년 세대가 겪은 생존불안의 강도가 역사상 최고에 달하는 이유는 그들이 어린 시절부터 고립적 생존불안에 짓눌리며 살기 때문이다.

  사람은 홀로 생존불안을 감당하거나 이겨낼 수 없다. 고립적 생존불안이 조금이라도 해소되려면 개인 간 생존경쟁에서 낙오하지 않았다는 확신이 필요하다. 오늘날 청년들이 인정 없이 타인을 대하며 돈을 향해 미친 듯이 달리는 이유다.

각자도생 서열경쟁 속
만성적 존중불안

불평등한 인간관계는 필연적으로 인간 존엄성을 침해한다. 상대방이 인간임을 인정해 존엄성을 귀중하게 여기는 마음은 그를 존중하는 태도로 표현된다. 반대로, 상대방이 나를 존중하지 않으면 인간으로 인정받지 못한다는 생각이 든다. 이는 인간 존엄성이 부정당하는 고통을 불러일으키는데, 이를 존중불안 혹은 서열불안이라고 일컫는다. 모두 타인과 사회로부터 존중받지 못하는 데서 기인하는 불안을 의미한다.

  서열사회는 불평등한 인간관계를 강요하고 인간의 존엄성을 파괴한다. 그렇기에 인류는 서열사회를 무너뜨리고 평등한 사회를 만들기 위해 싸워왔다. 그 과정에서 고대의 노예제 사회, 중세의 신분제 사회가 무너지고 자본주의 사회가 탄생했다. 자본주의 사회는 서열이 완전히 타파된 만민평등 사회처럼 보일지도 모른다. 그러나 엄연한 서열사회다. 심리상담가 진명일은 "자본주의는 직업의 귀천, 권력의 위계를 생산해 냈기 때문에 네오-카스트 제도를 건설해 놓았다."[8]라고 말했다. 자본주의 사회에서는 돈이 서열을 결정한다. 돈이 많을수록 서열이 높아지고, 돈이 적을수록 서열이 낮아진다.

한국의 상당수 학자는 21세기가 되면서 한국이 서열 상승이 불가능한 신분사회로 전락했다고 지적한다. 2019년 실시된 《내일신문》 신년 여론조사에서 '누구나 노력하면 지금보다 더 높은 계층으로 옮겨갈 수 있다고 생각하느냐'는 질문에 20대 응답자 중 44%만이 '그렇다'고 답했다.[9] 청년 세대는 한국 사회에서 계층 상승이 점점 더 어려워진다고 인식한다. 2009년만 하더라도 20대 청년 45.36%가 계층 이동 가능성이 '비교적 낮거나 매우 낮다'고 답했다. 2017년에는 그 비중이 65.0%로 늘어났다.[10] 경제학자 토마 피케티는 과거 자본주의 사회는 경제 성장과 노동운동의 영향으로 노동소득의 비중이 높아 계층 이동성이 어느 정도 보장되었지만, 오늘날 신자유주의적 자본주의 사회는 자산소득의 비중이 훨씬 높아 계층 이동성이 차단된 '세습사회'로 전락했다고 비판하기도 했다.

이보다 더 심각한 문제는 개인 간 경쟁과 서열화로 집단이 와해되어 개인 간 내전이 격화된 점이다. 과거 서열사회는 집단 서열사회였다. 조선 시대는 귀족·평민·천민처럼 집단 단위로 서열을 나눴다. 이런 사회는 당연히 서열 존중불안이 심하다. 양반은 평민을, 평민은 천민을 존중하지 않기 때문이다. 그러나 적어도 서열 집단이 동등한 사람끼리의 관계는 양호해 집단 내에서만큼은 존중불안에 시달리지 않았다. 조선 시대 평민은 양반과 섞여 살지 않고 따로 모여 살았으니, 양반과 마주칠 일도 잦지 않았다.

개인 서열사회의 존중불안은 집단 서열사회의 존중불안과 비교할 수 없을 정도로 강도가 세다. 신자유주의 이전 자본주의는 기본적으로 집단 간 경쟁에 기초했다. 집단의 크기가 너무 작아지지 않는 한, 집단 내부는 물론이고 집단 간 관계도 크게 악화하지 않는다. 다음 예를 살펴보자.

연대의식이 서열의식으로 돌변하는 순간

1980년대 현대조선소와 대우조선소 노동자들은 집단 간 경쟁관계였다. 그러나 두 집단에 소속된 노동자의 소득 격차가 크게 벌어지거나 집단 사이 관계가 악화하는 일은 일어나지 않았다. 왜일까? 모든 노동자가 엇비슷한 월급을 받는 중 현대조선소가 더 높은 판매를 기록했다고 가정하자. 현대조선소가 노동자의 월급을 올리면 어떤 일이 벌어질까? 대우조선소 노동자는 회사 측에 현대조선소만큼 월급을 올려달라고 요구하고, 회사가 이를 거부하면 파업을 비롯한 집단행동을 취할 것이다. 그렇기에 당시에는 어떤 회사의 임금이 표나게 오르면 동종업계 회사들이 비슷하게 임금을 인상하기도 했다. 이 때문에 80년대만 하더라도 동종업계 노동자 간 임금은 큰 차이가 없었다.

집단 수준으로 경쟁이 진행되는 사회에서 집단 간 격차가 크게 벌어지면 소득이 적은 쪽 집단이 반발할 가능성이 높다. 현대조선소와 대우조선소의 노동자는 집단 차원에서 경쟁 관계지만, 적대감이 아니라 노동자 계급의식을 공유한다. 현대조선소 노동자의 임금이 올라가면 대우조선소 노동자의 임금이 인상될 가능성이 올라가기 때문이다. 연대와 단결의 가능성이 열려 있는 셈이다.

집단 간 경쟁사회는 노동운동을 막지 못한다. 이와 다르게 신자유주의는 집단 간 경쟁이 아닌 개인 간 생존경쟁과 서열경쟁을 강요한다. 사람을 개인 간 경쟁으로 몰아넣는 방법은 간단하다. 분배에 격차를 두고 그 격차를 최대한 벌리면 된다. 열 명이 각자 경쟁한다고 가정하자. 1등에게 500만 원, 2등에게 10만 원, 나머지 인원에게 1만 원을 주면 경쟁이 격화되기 마련이다. 이렇듯 개인 간 경쟁은 개인 단위로 격차가 벌어진다.

집단 간 경쟁을 하는 중 격차가 크게 벌어지면 집단행동이 일어난다. 사회문제화되는 셈이다. 하지만 개인 간 경쟁을 하는 중에는 격차가 아무리 크게 벌어지더라도 불평등한 분배에 항의하기 힘들다. 개인이 집단보다 무력하기 때문이다. 격차가 급속하게 커지는데도 노동자가 제동을 걸 수 없다. 격차가 폭주하게 되는 셈이다.

개인 간 경쟁이 기본이 되면 각 조선소의 노동자 개인 사이 관계도 악화한다. 그 결과 같은 직장에서 일하는 노동자조차 쉽사리 단결하지 못하게 된다. 한국의 노조 조직률은 80년대 노동자 투쟁 이후 상승하다가 신자유주의적 개인경쟁이 일반화되는 시점부터 하락한다.

드라마 〈오징어 게임〉은 개인 대 개인의 경쟁이 인간관계의 파괴로 귀결되는 모습을 생생하게 보여준다. 집단경쟁인 줄다리기가 진행될 때만 해도 같은 팀 게임 참가자끼리 사이가 좋았다. 주인공 성기훈이 소속된 팀은 서로 보초를 대신 서줄 정도였다. 그러나 집단경쟁이 끝나고 개인경쟁인 구슬치기가 시작되자 이들 사이 인간관계는 극적으로 악화한다. 사이가 무척 좋던 부부 참가자가 구슬치기에서 맞붙는데, 승패에 따라 아내가 죽자 죄책감에 시달리던 남편이 자살하기까지 한다. 악화한 인간관계를 보여주는 단적인 장면이다.

종합격투기나 프로권투 시합에서는 개인경쟁의 결과로 순위, 즉 서열이 매겨진다. 개인 간 서열경쟁이 벌어지는 사회란 모든 영역에서 일상적으로 그러한 격투 시합이 벌어지는 사회나 마찬가지다. 게다가 서열에 대한 믿음이 뿌리 깊은 한국인은 개인 간 서열을 매기고 그 결과에 따라 사람을 차별 대우하는 데 익숙하다.

1980년대 한국 대학생은 서열의식보다 연대의식이 강했다. 당시 민주화운동을 하던 대학생은 '100만 학도'라는 단어를 자주 사용했다. 연대의식이 얼마나 강한지 보여주는 예시다. 반면 오늘날 대학생은 연대의식보다 서열의식이 강하다. 서열 3위 대학의 학생이 서열 7위 대학의 학생을 만나면 목에 힘이 들어간다. 그런데 서열 1위 대학의 학생이 나타나면 반대로 위축되고 만다. 대학 사이 서열은 물론이고 대학 내에도 서열이 있다. 경영학과는 서열이 높고, 철학과는 서열이 낮다. 각 과에도 개인 간 서열이 있다. 철학과 학생 사이에도 다양한 기준으로 서열이 매겨진다. 그 예시로, 서울대 학생들은 출신 고등학교에 따라 서열을 매기고 이를 과시하기 위해 과 잠바에 고등학교 이름을 새긴다.

승자가 독식하는 서열경쟁이 지속될수록 한국인은 서열동물에 가까워지고 있다. 대표적 서열동물인 개는 다른 개를 만나면 반드시 싸움으로 서열을 가린다. 서열동물화된 한국인은 타인을 상대하거나 관계를 맺을 때 그의 서열부터 파악한다. 정보가 부족하면 "직업이 뭐예요?" 같은 질문부터 던진다. 상대의 서열이 나보다 높으면 저자세를 취하거나 우호적 태도를 보이고, 상대의 서열이 나보다 낮으면 고자세를 취하거나 냉담한 태도를 보인다. 서열동물과 동일한 방식으로 관계 맺는 셈이다.

존중불안에서 유기불안까지

개인 서열사회에서는 존중불안이 극단적으로 높다. 신분제 사회였던 조선 시대에서 평민은 양반을 상대할 때만 존중불안을 겪었다. 평민끼리의 관계에서는 존중불안을 걱정할 필요가 없었다. 그 시기에는 존중불안이 만성적이지 않았으며 때로는 회피할 수도 있었던 셈이다. 반면 개인 서열사회에 사는 사람은 자신의 서열이 몇 위든 반드시 그보다 서열이 높은 사람을 상대할 수밖에 없다. 어디에 가든 자기보다 서열이 높은 사람을 만날 수 있기 때문이다. 게다가 개인 차원에서 서열이 매겨지기에 부촌이 아닌 곳에 거주하더라도 자기보다 서열이 높은 사람을 피할 수 없다. 이런 사회의 존중불안은 만성적이고, 심지어 회피가 불가능하다. 한국인이 길을 오가며 마주치는 사람의 시선에 지나치게 신경을 쓰게 된 이유는 이 때문이다.

학자에 따라 존중불안을 서열불안이나 지위불안으로 부르기도 하지만, 이는 모두 서열이나 지위를 이유로 남들에게 무시당할까 봐 불안해하는 심리를 지칭하는 말이다. 상담심리학자 진명일은 존중불안을 다음과 같이 표현했다.

부를 축적하지 않으면, 사람들에게 받을 무시가 두렵다. 외톨이가 될까 봐 두렵다. … 돈이 없으면 사람다운 삶을 살 수 없다는 것이 요즘 생각의 기본값이다. 그러니 사람 취급을 받지 못할 상황에 맞닥들 것 같은 불안감을 느낄 수밖에 없다. … 이 시대의 불안장애는 내가 나약해서가 아니라 사회, 제도, 자본, 회사가 나를 제대로 돌보지 않아서다.[11]

존중불안이 심해지면 사회적 유기불안으로 이어질 수 있다. 이는 사회로부터 배제당하거나 추방당하는 것을 두려워하는 심리를 의미한다. 사회적 유기불안에 시달리는 사람은 주류집단의 대세나 유행을 따라잡지 못하면 자신이 낙오자가 되었다고 느낀다. 이는 자신을 경멸하는 마음으로 이어지기까지 한다. 한국에서는 사람을 '인싸(인사이더)'와 '아싸(아웃사이더)'로 구분하고, 인싸가 아닌 자신을 자조하는 유머가 청년문화로 자리 잡았다. 또한 인터넷상에서 자신보다 서열이 낮은 사람, 자신과 성향이 다른 사람을 'XX충'으로 낙인찍은 뒤 아예 상대하지 않으려는 문화도 있다.[12] 건강하지 못한 청년문화는 한국의 청년이 존중불안뿐 아니라 사회적 유기불안에 시달리고 있음을 보여준다.

  한국 청년 세대는 한국 역사상 가장 심각한 수준인 고립적 생존불안과 존중불안에 시달리고 있다. 오늘날 청년들은 거대한 불안에 짓눌려 온몸을 떨며 어쩔 줄 몰라 발만 동동 구르고 있는 셈이다.

체념 이후,
공정에 대한 과도한 집착

개인주의 성향이 강하고 고립적 생존불안과 존중불안에 압도당한 청년 세대는 집단주의적 정의, 즉 사회정의가 아니라 개인주의적 정의에 매달린다. 청년들은 어려서부터 개인화, 파편화, 서열화된 세상에서 살아왔고 지금도 그러하다. 이들은 철저히 개인의 입장에서 세상을 대한다. 그렇기에 청년 세대는 정치세력화되지 못했고, 청년을 대변하는 정치세력도 존재하지 않는다. 청년들 사이 통용되는 '수저 계급론'에서 알 수 있듯, 이들은 이 세상이 정의롭지 않다는 것을 너무나 잘 인지하고 있다. 그러나 자신이 다른 청년과 연대할 수 있다고 믿지 않으며, 청년 집단의 힘으로 세상을 바꿀 수 있을 거라는 기대도 하지 않는다.

오늘날 청년 세대는 무력감과 패배주의의 늪에 깊숙이 빠졌다. 개인주의의 필연적 결과다. 물론 다른 세대 역시 정도의 차이만 있을 뿐 청년들과 비슷한 심리를 공유한다. 2021년 발간된 OECD 보고서 〈불평등은 중요한가?〉에 의하면 한국인은 부모의 소득과 학력이 불평등에 큰 영향을 미친다고 인식하면서도 재분배의 필요성에 대한 지지는 보통 수준에 그쳤다.[13] 한국 사회가 불평등함을 잘 알고 있지만, 개혁하려는 의지는 약하다는 뜻이다. 청년 세대는 이런 패배주의적 신념이 가장 강한 세대일 뿐이다.

드라마 〈오징어 게임〉 시즌 2, 3에서 주인공 성기훈은 게임을 중단하기 위해 진행요원으로부터 무기를 탈취한다. 그리고 다른 게임 참가자들에게 주최 측에 맞서 싸우자고 호소한다. 그러나 일부 사람만 그에게 동조하고 다수의 참가자는 제안을 거부한다. 그들은 서로가 뜻을 모을 수 있으리라 믿지 않았다. 설사 단결하더라도 주최 측을 이길 순 없다고 판단했다. 결국 성기훈과 그에 동조한 소수의 사람만 게임 진행요원과 전투를 치르다 항복하고, 게임 참가자들의 무력감은 한층 심해진다. 살아남은 참가자들은 게임을 멈출 수 없다. 자신들이 사회를 개혁할 수 없다는 현실에 체념한 셈이다. 그리고 개인 간 경쟁에서 최선을 다해 겨우 살길을 모색한다.

그때 의외의 사건이 발생한다. 임산부였던 게임 참가자가 게임 중 아이를 출산한 후 사망한 것이다. 게임 주최 측은 갓난아이에게 어머니의 게임 참가자 자격을 승계한다. 그러자 오징어 게임을 중지시키기 위해 단결해 싸우자는 성기훈의 간절한 호소에는 비웃음과 냉소로 대응했던 게임 참가자들이 폭발적으로 분노를 표출한다. 그들의 주장은 다음과 같다. "우리는 목숨을 걸고 게임하며 여기까지 어렵게 왔는데, 저 갓난아기는 그러지 않았다. 갓난아기에게 게임 참가자 자격을 주는 것은 무임승차다. 이는 불공정하다!"

항복 그리고 무임승차에 대한 분노

게임 참가자 대부분은 오징어 게임을 폐지할 수 없다고 믿었다. 부정의한 한국 사회를 근본적으로 개혁할 수는 없다고 믿었던 셈이다. 게임을 거부할 수 없다면 참가자가 매달릴 수 있는 유일한 희망은 게임에 열심히 참여해 최종 승자가 되는 길뿐이다. 같은 논리로, 부정의한 한국 사회를 개혁할 수 없다고 체념한 개인이 할 수 있는 최선은 치열한 경쟁에서 살아남아 승리하는 것뿐이다. 이런 심리를 지닌다면 게임 규칙이 불공정하게 적용되는 것을 절대 용인할 수 없다. 규칙이 공정하다면 경쟁에서 지더라도 어쩔 수 없다고 합리화할 수 있다. 하지만 규칙이 불공정하다면 패배를 인정하기 힘들다. 억울하기 때문이다.

　오징어 게임 참가자에게 가장 중요한 것은 '정의'가 아니다. 정의를 중시했다면 성기훈의 제안에 호응해 게임을 폐지하기 위해 싸웠을 것이다. 그들에게 가장 중요한 것은 '공정'이다. 오징어 게임을 거부할 수 없다면 최소한 공정한 규칙 아래 싸우다 죽는 게 덜 억울하기 때문이다. 오늘날 청년 세대도 마찬가지다. 그들은 사회문제에 관심이 없다. 만일 이들이 정의를 중시했다면 한국 사회를 개혁하기 위해 힘을 합쳐 치열하게 싸웠을 것이다. 오늘날 청년 세대에게 가장 중요한 것은 공정이다. 부정의한 세상을 바꿀 수 없다고 체념한다면 개인 간 경쟁 규칙이라도 공정하기를 바랄 수밖에 없다. 그래야 희망의 끈을 놓지 않고 경쟁에 참여하고픈 마음이 생기기 때문이다.

한국의 청년 세대는 오래전부터 공정에 민감하게 반응했다. 2017년 알바몬은 대학생 3,181명을 대상으로 진행한 설문조사에서 '가장 중요한 가치는 무엇인가'라고 물었다. 이에 '공정'이라 대답한 응답자 비율이 16.1%로 1위였다.[14] 같은 맥락에서 2018년에는 평창올림픽 남북 여자 아이스하키 단일팀 논란이 있었다. 남북 단일팀을 만들어 출전하겠다는 정부 계획이 발표되자, 20대 상당수는 북한 선수를 선발팀에 포함하기 위해 그동안 올림픽을 준비해 온 기존 남한 선수를 탈락시키는 것은 불공정하다며 반대했다. 남북 단일팀 구성은 민족적 차원에서는 정의일지 모른다. 같은 민족이 분단된 현실을 부정의라 한다면 말이다. 그러나 청년들은 사회적 정의를 좇는 일보다 개인이 불공정한 기준으로 피해 보지 않는 일을 더 중요히 여겼다.

국민의힘 곽상도 의원의 아들이 퇴직금을 50억 원이나 받은 것이 알려져 세상이 시끄러웠던 적이 있다. 당시 청년들은 격하게 분노하지 않았다. 반면 조국 전 장관이 자식의 이력을 위조했다는 사실이 알려지자 대단히 격한 반응을 보였다. 청년 세대가 보기에 곽상도 의

원의 아들이 퇴직금으로 50억 원을 받은 일은 자신이 손을 댈 수 없는 영역, 오징어 게임 그 자체인 셈이다. 하지만 이력 위조는 공정의 문제다. 개인 간 경쟁을 교란하기 때문이다.

청년 세대는 사회를 바꿀 수 없다고 믿기에 부정의한 사회에 체념하고 개인 간 경쟁을 숙명처럼 받아들인다. 그래서 경쟁을 지배하는 규칙만이라도 공정하기를 간절히 원하고 과도하게 집착한다. 거대한 악에 저항하지 못하니 소소한 악에 분노할 뿐이다. 세상을 바꾸지도 못하는데, 개인 간 경쟁마저 불공정한 규칙의 영향을 받는다면 더 이상 기대할 구석이 없기 때문이다.

"나 같은 고통을 겪지 않았으니 너는 말할 자격이 없다!"

청년 세대는 개인 간 경쟁으로 자신의 생사가 결정되는 시기, 경쟁을 뚫고 일자리를 얻어내야만 하는 시기를 살고 있다. 이들에게 경쟁 규칙을 불공정하게 악용하는 사람은 자신이 아무리 노력해도 경쟁에서 승리할 수 없게 만드는 최대의 적이다. 열심히 입사 시험을 준비했는데, 누군가가 불공정한 방법으로 합격해 자신이 낙방하게 된다면 그것만큼 억울한 일은 없지 않겠는가.

박원익과 조윤호는 청년 세대가 능력주의와 공정에 집착하는 성향은 자신의 노력이 배신당하는 일을 참을 수 없어 하는 심리와 관련 있다고 주장한다.

시간과 돈을 들여서 '내가 한 노력'은 너무나 소중하다. 그래서 '다른 사람의 노력'과 '나의 노력' 사이에 엄격하고 공정한 평가가 이루어지길 바란다. 이는 '능력주의'를 낳는다. 능력주의란 주어진 신분, 출신, 가문이 아니라 개인의 능력과 노력으로 얻어진 지위나 임금을 중요시하는 가치관을 뜻한다. 이런 능력주의에 위배되는 것은 이들 세대에게 '정의롭지' 않다. 이제는 누구나 열심히 노력한다. '젊은 시절에 좀 놀 수도 있지'라는 생각이 이들에게는 없다. 그래서 나보다 '덜 노력한' 누군가가 기회를 갖게 되거나 혜택을 '더 받는다면' 참을 수가 없다.[15]

청년 세대는 사회가 최소한 자신의 노력은 정당하게 평가하기를 원한다. 부정의한 사회를 눈감을 테니 나의 노력은 정당하게 인정해 달라고 절규한다. 청년 세대가 강력하게 공정을 요구하는 이유는 '제발 내 살길을 가로막지 말아달라' 혹은 '제발 내 노력을 배신하지 말아달라'는 간절한 호소로부터 기인한다.

오늘날 청년 세대는 부모로부터 제대로 된 사랑을 받지 못하고 자라났다. 그래서 사회로부터 인정받기를 바라는 마음, 남들이 자신의 노력이나 어려움을 알아주기를 바라는 마음이 유난히 강하다. 일부 연구자는 청년 사이 갈등에서 나타나는 특이한 점으로 '고통 경쟁'을 꼽기도 했다. 이는 누구의 고통이 더 큰지 경쟁하는 심리를 의미한다. 모든 청년은 자신이 겪는 고통이 제일 심하다고 믿는다. 그것을 근거로 "나 같은 고통을 겪지 않았으니 너는 말할 자격이 없다"며 서로를 비난한다.

청소년기와 청년기의 주요 과제는 안정적으로 자리를 잡아 사회적 인정을 획득하는 것이다. 그렇기에 청년 세대는 다른 세대에 비해 인정 욕망이 강하다. 게다가 한국의 청년 세대는 성장 과정에서 인정 욕망이 원만하게 충족되지 않은 경우가 많다. 이들이 공정 문제에 격하게 반응하는 이유는 사회가 자신의 노력과 고통을 인정하지 않으면 사회가 자신을 받아들이지 않는다고 느끼기 때문이다.

인정 욕망이 강하면 그에 따라오는 부정적 감정 역시 강도 높게 체험할 수밖에 없다. 사람은 사회가 자신을 정당하게 인정하지 않을 때 부당함, 억울함, 서러움, 절망감 같은 감정을 체험한다. 청년 세대는 인정에 목말라 있어 이런 감정을 다른 세대보다 강하게 체험한다. 당연히 그에 따른 반응도 격렬하다. 이들에게 공정은 사회정의라기보다는 개인이 경쟁 과정에서 느끼는 부정적 감정을 표현하는 수단에 가까운 셈이다.

2030 남성은
정말 보수화되었나?

 익히 알려졌듯 한국의 청년 세대는 역사상 유례없는 남녀 갈등으로 몸살을 앓고 있다. 남성 청년이 민주개혁 정치세력보다 극우보수 정치세력으로 기우는 것을 우려하는 목소리가 커지는 중이기도 하다.

 탄핵 시위와 대선정국을 거치며 '이대남', 정확히 말하자면 남성 2030세대의 보수화가 정치계의 큰 화두가 되었다. 2024년 탄핵 시위에는 과거와 달리 청년 세대가 대거 참여했는데, 안타깝게도 그 성비가 불균형했다. 여성 청년의 참여가 두드러진 데 비해, 남성 청년의 참여는 낮았다. 반면 서부지법 폭동 사태나 각종 극우 집회 현장에는 남성 청년의 비중이 더 높았다. 21대 대선에서도 젊은 여성은 압도적인 비율로 진보 후보를 지지했지만, 상당수 젊은 남성은 이준석을 대안으로 선택했다. 이준석은 약 8%를 득표했는데, 그에게 표를 준 사람 대부분이 젊은 남성이었다. 이로부터 남성 2030세대가 보수화되었다는 목소리가 커졌다.

결론부터 말하자면, 남성 2030세대가 보수화되었다는 주장은 사실이 아니다. 남성 2030세대는 보수화된 것이 아니라 개인주의화되었을 뿐이다. 물론 이는 단지 남성 청년뿐만 아니라 청년 세대 전반에 해당하는 얘기다. 다른 세대와 마찬가지로 청년 세대도 나름의 이익을 추구한다. 개인의 이익보다 집단의 이익, 즉 사회정의를 중시하는 중장년 세대의 정서와 달리 청년 세대는 사회정의에 크게 관심이 없다. 사회정의 구현이 불가능하다고 믿기 때문이다. 대신 개인의 이익을 절대적으로 중요하게 여긴다.

그렇다고 해서 이들이 조직화하는 법을 아예 모르는 것은 아니다. 개인주의자는 상황과 조건에 따라 이익이 일치하는 다른 개인주의자와 집단을 형성한다. 집단으로 행동하는 것이 개인이 혼자 이익을 추구하기 위해 노력하는 것보다 훨씬 유리하다는 것을 알고 있기 때문이다. 뼛속까지 개인이기주의자인 극우 내란 세력 역시 정당이나 사회단체를 만들어 집단으로 움직인다.

합리적 개인주의자의 단호한 선택

개인주의 성향이 강한 청년 세대는 당연히 개인의 이익을 우선시한다. 동시에 청년 세대는 자신과 이익을 공유하는 집단, 혹은 자신이 소속감을 느끼는 집단의 이익 추구에도 민감하다. 예를 들어 게임을 열심히 하는 남성 청년은 자신처럼 게임을 열심히 하는 이들이 모인 집단의 이익이 곧 자신의 이익이라고 생각한다. 그렇기에 게임 규제에 민감하게 반응하며 집단행동을 한다.

자신의 이익을 추구하는 남성 2030세대는 합리적인 세대라 할 수 있다. 단지 그 이익이 개인주의적일 뿐이다. 이들이 이준석을 비롯한 극우 정치세력을 지지하는 이유는 자신에게 이익이 된다고 계산했기 때문이다. 비록 그 계산법이 정확하다고 할 수는 없지만 말이다. 하지만 노인 세대는 자신의 이익, 나아가 노인 세대의 이익에 해가 되는데도 극우 정치세력을 맹목적으로 지지한다. 이는 비합리적이다. 남성 2030세대의 보수화와 노인 세대의 보수화가 질적으로 다르다는 의미다.

오늘날 남성 2030세대 상당수는 민주개혁 정치세력보다 극우보수 정치세력이 낫다고 판단한다. 이익을 지키기 위해서다. 물론 그들이 예전부터 그랬던 것은 아니다. 남성 2030세대는 문재인 정부 탄생 초기만 하더라도 민주개혁 정치세력을 지지했다. 당시에 남녀 청년 사이 정치 성향의 유의미한 차이는 없었다. 일부 조사에 의하면 오히려 남성의 민주개혁 세력 지지율이 더 높기도 했다. 그랬던 남성 2030세대는 왜 이준석, 윤석열을 지지하게 되었을까?

'리서치뷰'는 왜 20대의 문재인 정부 지지율이 하락했는지 파악하기 위해 2018년 12월 여론조사를 실시했다. 조사 결과에 따르면 '문재인 정부의 청년 세대 지지율 하락 원인'으로 2030세대는 일자리·주거 등 사회경제적 문제(31%), 북한 문제 몰두(24%), 성별갈등 관련 대응 미흡(20%)을 꼽았다. 성별로 나눠서 살펴보자. 남성은 성별갈등 관련 대응 미흡(32%), 일자리·주거 등 사회경제적 문제(29%), 북한 문제 몰두(25%)를 꼽았다. 여성은 일자리·주거 등 사회경제적 문제(34%), 북한 문제 몰두(23%)를 꼽았다.[16]

이를 통해 알 수 있듯, 청년들은 문재인 정부 들어 삶이 나아지기는커녕 악화했다고 생각한다. 중장년 세대는 이미 오랜 시간 경제활동에 참여해 온 상태다. 이들은 개혁이 지지부진해서 삶이 실질적으로 개선되지 않더라도 정치적 선호를 급격하게 바꾸지 않는다. 반면 고립적 생존불안에 짓눌린 청년 세대는 삶이 실질적으로 나아지지 않는다고 느끼면 단호하게 정치적 견해를 바꾼다.

위의 조사 결과는 남녀를 불문하고 청년 세대 모두가 개인의 견지에서 손익을 따지고 있음을 잘 보여준다. 이들은 공통으로 '사회경제적 문제'를 문재인 정부의 지지율이 떨어진 이유로 꼽았다. 이는 청년 세대 삶의 질이 악화해 이들이 먹고살기조차 힘들어졌음을 의미한다. 또한 2030세대 남녀 모두 '북한 문제 몰두'를 문재인 정부 지지율 하락의 또 다른 원인으로 꼽았다. 이는 청년 세대가 사회적 정의보다 개인적 정의를 앞세우는 경향을 잘 보여준다.

촛불 항쟁으로 정권이 교체되었음에도 청년 세대의 삶은 크게 달라지지 않고, 오히려 더 먹고살기 힘들어졌다. 게다가 생존경쟁과 서열경쟁으로 청년 세대 내부 인간관계까지 악화하였다. 이들이 사회 정의에 대한 기대를 접고 개인주의적 공정에 집착할 수밖에 없던 배경이다.

여기에서 주목할 점은 여성 청년과 달리 남성 청년이 문재인 정부의 지지율이 하락한 가장 큰 이유로 '성별관련 대응 미흡'을 꼽았다는 것이다. 왜 그랬을까? 왜 문재인 정부 이후 여성 청년은 진보개혁 정치세력을, 남성 청년은 극우보수 정치세력을 지지하게 된 걸까? 이는 청년 세대가 공정이라는 가치를 강화하는 심리적 기제 그리고 이렇게 강화된 심리를 외부로 표출하는 방식과 관련이 깊다. 2부에서 하나하나 살펴보기로 하자.

2부

우리는 왜

가짜 정의에

열광하는가

3장

가짜 정의 1:
능력주의만이 해답이라는 착각

능력주의,
기득권의 도구가 되다

'정의'를 표방하는 온갖 주장이 난무하고 있다. 그중에는 정의의 본질에 근접한 것도 있지만 정의와 거리가 먼 가짜 정의론도 있다. 한국에서 가짜 정의가 판치게 된 이유는 이상사회를 향한 열망이 좌절된 것과 관련 있다. 80년대까지만 해도 한국 주류 정의론은 '사회정의'였다. 전두환 군사독재정권이 '정의사회'를 내세우는 바람에 이후 정의라는 단어를 회피하게 됐을 뿐, 이전까지 정의는 집단주의적 정의 혹은 사회정의를 의미했다.

90년대에 들어 사회주의 진영이 붕괴하고 미국의 유일 패권 시대가 시작되자, 자본주의 국가에서 노동운동 등 진보운동이 변질하거나 약화하였다. 한국에서도 마찬가지다. 신자유주의는 개인 간 생존경쟁과 서열경쟁을 강요해 공동체를 파괴하고 인간관계를 크게 악화했다. 그 결과 우리주의자였던 한국인은 개인주의에 굴복하기 시작했다. 개인주의에 기초하는 각종 이론이 유행하고 개인주의 문화가 보급되는 과정에서 과거 집단주의적 정의, 사회정의가 개인주의적 정의로 변질되었다. 사회학자 서동진은 다음과 같이 말했다.

> 자유주의는 정의라는 윤리적인 이데올로기를 통해 자신이 지배하는 사회의 윤리적 규범을 축조하고 또 이를 변형시켜 왔다. … 그렇지만 신자유주의가 다른 점은 정의를 '시장의 윤리'에 가깝도록 대담하게 수정하고 또 이를 실현할 수 있는 광범한 테크놀로지를 생산했다는 것이다.[1]

자유주의는 초기 자본주의 사회를 대변하는 이념으로, 사상이나 경제활동의 자유를 억압했던 봉건제에 저항하면서 시민적 자유를 요구한 사상이다. 역사적으로 진보성을 띠었던 셈이다. 반면 신자유주의는 후기 자본주의 사회를 상징한다. 평등을 위해 양보할 필요가 없어진 독점자본가계급의 무제한 이윤추구 요구를 대변하는 사상이 신자유주의다. 두 사상은 모두 정의론에 큰 영향을 미쳤지만, 신자유주의는 정의를 타락시켜 시장 윤리로 전락시켰다. 사회정의 대신 개인주의적 정의가 성행하게 된 주범이 신자유주의인 셈이다.

신자유주의의 화신 이명박은 2010년 65주년 광복절 경축사에서 "공정한 사회는 출발의 과정에서 공평한 기회를 주되, 결과에 대해서는 스스로 책임지는 사회입니다"라고 말했다. 이 경축사에 따르면 우리는 '정의'로운 사회가 아니라 '공정'한 사회를 살기에 자신의 '결과'에 스스로 책임을 진다. 누군가가 가난하다면 그것은 그의 잘못이다. 누군가가 부유하다면 이는 그의 노력이나 능력 덕분이다. 출발만 공평하다면 결과가 불평등하더라도 정의롭다는 이러한 주장은 신자유주의적 정의론, 혹은 능력주의 정의론의 전형이다.

'정의사회'로 변질된 '사회정의'

능력주의는 자본주의적 정의, 신자유주의적 정의이자 승자의 철학이다. 자본주의의 최종 단계인 신자유주의 시대가 열리면서 능력주의는 자본주의 사회에서 첫째가는 분배 원칙으로 등극했다. 정치학자 김비환은 《정의는 불온하다》에서 다음과 같이 말했다.

> 무한경쟁사회, 약육강식, 능력주의와 같은 신자유주의 논리가 너무 당연해졌다. 돈이 곧 능력이고, 돈이 없는 것은 무능력이며, 이는 '나의 잘못'과 동의어다. 강자는 '더 많은 격차'(구별 짓기와 멸시)를 권리라 주장하며, 약자는 죄책감과 열등감을 내면화한다. 이는 결국 승자독식, 각자도생 합리화로 이어진다.[2]

신자유주의는 약육강식, 개인 간 무한경쟁, 능력주의 같은 신자유주의 논리를 대중화했다. 한술 더 떠 그러한 논리를 바탕으로 승자 독식의 분배가 이루어지는 사회분위기를 조성했다. 사람들이 그것을 당연히 여기도록 만든 셈이다.

능력주의 정의론은 집단 간 경쟁이 기본인 사회에서는 제기되기도, 대중화되기도 어렵다. 개인 간 경쟁에 기초하는 정의론이기 때문이다. 앞서 현대조선소와 대우조선소 이야기를 기억하는가? 집단 간 경쟁이 기본인 사회에서는 경쟁으로 인해 집단의 격차가 벌어지는 일은 쉽게 생기지 않는다는 사실을 확인하였다. 두 노동자 집단의 경쟁에서 능력에 따라 차별적으로 분배하는 일은 사실상 가능하지 않기 때문이다. 현대조선소에서 더 많은 배를 생산하거나 판매했다고 해서 대우조선소 노동자들의 능력이 부족하다고 단언하기란 어렵다. 그 외의 변수가 너무 많기에 노동자 집단의 능력으로 단순 비교할 수는 없기 때문이다.

집단 간 경쟁에서 분배는 보통 계급 같은 역학관계를 바탕으로 결정된다. 노동자계급이 분열해 힘이 약하면 자본가계급에 분배되는 몫이 커진다. 노동자계급이 단결해 힘이 강하면 노동자계급에 분배되는 몫이 커진다. 노동조합 조직률이 평균 70%를 넘는 북유럽 나라들은 각종 사회복지제도로 평범한 국민에게 더 많은 몫을 분배한다. 능력주의 같은 특정 분배 원칙을 따르지 않고, 노동자의 힘이 강해서다.

개인 간 경쟁사회에서는 집단 간 분배 기준이 개인 관심 밖의 일이다. 개인 간 어떤 기준으로 분배되는지가 주된 관심사다. 여러 분배 원칙이 있지만 개인 간 분배도, 집단 간 분배도 역학관계에 의해 결정되기 마련이다. 개인 간 경쟁사회, 신자유주의 사회에서는 집단 간 역학관계가 아니라 개인 간 역학관계에 따라 분배된다는 차이만 있다. 이를 평가하는 가장 쉬운 기준이 능력이다. 신분, 재산, 체격, 학벌에 따라 분배를 진행한다면 사람들이 반발할 가능성이 높을 것이다. 하지만 능력, 즉 사회적 기여도에 따라 분배를 진행한다면 동의할 가능성이 커진다.

신자유주의 사회 지배층에게 능력주의, 즉 능력에 따른 분배 원칙은 매우 중요한 도구다. 능력에 따라 분배했기에 불평등한 결과가 나왔다는 주장은 가난한 사람, 즉 실패한 사람의 불만과 저항을 무력화하여 사회질서를 유지하는 근거가 된다. 능력에 따랐기에 문제를 제기하는 일은 정의롭지 않은 짓이고, 불평등한 결과를 받아들이는 것만이 정의라고 사람들이 믿게 되기 때문이다.

그 결과 가난하고 실패한 사람은 매사를 자기 탓으로 돌리며 우울해진다. 반면에 돈을 많이 벌고 성공한 사람은 본인의 능력 덕분이라고 믿는다. 부유한 사람은 가난한 이웃을 연민하지 않는다. 단순히 죄책감을 느끼지 않는 선에 그치지 않고, 국가와 사회가 그들을 도우면 더 많은 무능력자가 발생해 사회분위기가 도덕적으로 해이해질 거라고 진심으로 우려한다. 이는 능력주의가 신자유주의를 강력하게 떠받치는 지배층의 정의론이며, 자본가계급으로부터 열렬히 지지받을 수밖에 없는 정의론임을 잘 보여준다.

청년들이 능력주의를
지지할 수밖에 없는 심리

 오늘날 한국 사회에서 가장 대중적으로 퍼진 능력주의 정의론은 특히 개인주의 성향이 가장 강한 청년 세대에게 전폭적 지지를 받고 있다. 남성 청년의 대변자를 자처한 이준석 같은 정치인이 공공연히 떠들고 다니는 가짜 정의론도 능력주의다. 이는 노력, 능력, 사회적 기여도에 따라 자원을 분배한 결과 발생하는 불평등 역시 일종의 정의라고 주장한다.

 능력주의 정의론을 지지하는 사람들은 성공이나 출세의 원인이 오롯이 능력이라고 믿는다. 이때 능력은 암묵적으로 노력과 동일시된다. 즉 이들은 성공한 사람을 단순히 능력이 있을 뿐 아니라 노력 역시 많이 한 사람으로 여긴다. 한국의 청년 세대는 정규직에 취직하는 능력을 피땀 어린 노력으로 쟁취할 수 있다고 생각한다. 노력과 능력을 거의 같은 것으로 보는 셈이다. 그러나 노력과 능력은 명백히 다르다. 두 개념이 비례한다는 근거는 그 어디에도 없다.

이솝 우화처럼 토끼와 거북이가 달리기 시합을 한다고 가정하자. 노력에 따라 분배할 경우, 토끼가 10분을 달려 500미터를 달려가고 거북이가 똑같은 시간 동안 100미터를 기어갔더라도 둘은 동일한 몫을 분배받아야 한다. 토끼와 거북이는 모두 동일한 노력을 했기 때문이다. 이것이 노력주의 분배다.

노력에 따른 분배 원칙은 인간의 노동력, 노력이 절대적으로 중요했던 시절에 나름대로 설득력이 있었다. 그 시절에는 6시간 일한 사람보다 10시간 일한 사람이 더 많은 몫을 가져가는 것을 당연하게 여길 수 있었기 때문이다. 단순직 아르바이트처럼 일한 양을 시간으로 측정하기 쉬운 노동의 경우, 노력주의 분배 원칙은 타당성이 있다.

하지만 노력주의 분배 원칙은 능력 그리고 사회적 기여도의 차이를 고려하지 않는다. 손재주가 부족한 사람은 8시간 동안 열심히 노력해 볼펜 50자루를 만들고, 손재주가 뛰어난 사람은 8시간 동안 슬렁슬렁 일해 볼펜 200자루를 만들었다고 가정하자. 노력에 따라 분배한다면 두 사람에게 같은 몫을 주어야 한다. 그러나 능력주의 분배 원칙을 믿는 이들은 이에 반대할 것이다. 정치학자 김비환은 노력주의 분배 원칙의 문제점을 이렇게 말했다.

어떤 사람은 많은 노력을 기울였음에도 불구하고 사회에 이바지한 바가 없고 어떤 사람은 별 노력을 기울이지 않았음에도 불구하고 큰 기여를 한 경우가 있다. … 노력한 만큼 대가를 주는 것이 정의롭다는 주장은 그다지 보편적인 지지를 얻지 못하고 있다.[3]

엄격한 노력주의는 원칙적으로 능력주의와 적대적 관계에 있다. 능력주의를 지지하는 사람들은 능력을 노력과 동일시하는 경향이 있을 뿐 아니라 능력에 따른 분배가 정의롭다고 주장한다. 능력이 뛰어난 사람이 더 큰 성과를 낸다. 토끼와 거북이가 달리기 시합을 하면, 토끼가 너무 오래 낮잠을 자지 않는 이상 달리기 능력이 우월한 토끼가 거북이를 이긴다. 이때 토끼에게 더 많이 분배해야 한다는 주장이 바로 능력주의 정의론이다.

한 가지 더 예를 들어보자. 우사인 볼트와 평범한 사람이 달리기 시합을 한다고 가정하자. 우사인 볼트는 당연히 체격조건이 대단히 우수한 달리기 능력자다. 아무리 열심히 노력해도 평범한 사람은 우사인 볼트를 이길 수 없다. 능력주의 정의론에 따르면 우사인 볼트에게 훨씬 많이 분배하는 것이 정의롭다. 그런데 우사인 볼트와 평범한 사람이 이 시합을 매일 반복한다고 생각해 보자. 우사인 볼트의 재산은 기하급수적으로 증가하겠지만, 평범한 사람의 재산은 아주 조금씩 늘어나는 게 전부다. 그 결과 두 사람 간 불평등이 심화한다. 능력주의 정의론에 따르면, 이런 불평등 역시 능력에 따른 분배의 결과이므로 정의롭다.

이런 주장은 약육강식의 논리라는 비판에 직면하기 마련이다. 능력이 우월한 사람에게 더 많이 분배해 주는 약육강식의 사회는 맹수가 약한 동물을 잡아먹으면서 살아가는 동물의 세계와 유사하다. 돈을 잘 버는 아버지가 자신이 벌어온 돈을 혼자 쓰고, 돈 버는 능력이 떨어지는 노인과 아이가 굶주리는 가정을 정의롭다고 할 수는 없다. 마찬가지로 능력이 뛰어난 사람이 부를 독차지하는 사회는 정의롭다고 할 수 없다.

능력이 뛰어난 사람에게 무조건 더 많은 분배해 주는 것이 도덕적이지 않다고 비판할 수도 있다. 능력자이지만 나태한 토끼보다 성실한 노력자인 거북이에게 더 많이 분배해 주는 것이 도덕적으로 보이기 때문이다. 능력주의 정의론은 자신의 주장에 도덕적 정당성을 부여하기 위해 사회적 기여도라는 양념을 첨가했다.

최근 능력주의 정의론은 능력보다 사회적 기여도를 내세운다. 똑같이 8시간을 일하더라도 능력이 뛰어난 사람은 그렇지 않은 사람보다 더 많은 볼펜을 생산한다. 전자에게 더 많은 몫을 분배하는 이유는 그가 단지 능력이 뛰어나서가 아니다. 그가 사회에 더 많이 기여하기 때문이다. 능력이 뛰어난 사람은 사회에 필요한 물건을 더 많이 생산해 사회에 더 많이 기여했으니, 그에게 더 많이 분배하는 것은 도덕적으로 아무 문제가 없다, 즉 정의롭다. 능력주의 정의론은 능력과 사회적 기여도를 동일시한다. 따라서 사회적 기여도에 따라 분배하는 것이 정의롭다면, 능력에 따라 분배하는 것도 정의로운 셈이다.

이는 일반인의 도덕관념에 부합된다. 능력주의 정의론의 주장, 사회에 더 많이 기여한 이에게 더 많이 분배하는 것이 정의라는 주장을 들으면 "맞는 소리네"라는 생각이 든다. 바로 이 때문이다. 사람은 사회나 공동체에 더 많이 기여한 사람을 존경한다. 뿐만 아니라 그들에게 더 많은 보상이 주어지는 것이 당연하다고 믿는다. 능력주의 정의론은 '능력=사회적 기여도'라는 교묘한 공식을 도입해 도덕적 비난에서 해방되었다. 일반인의 도덕관념에 대한 호소력은 덤이다.

능력은 과연 사회적 기여도를 뜻할까?

능력주의 정의론이 한국 사회에서 유행하게 된 이유는 그것이 사람들의 상식적 정의관, 혹은 선악에 대한 도덕적 반응에 부합하기 때문이다. 보통 우리는 더 열심히 노력한 사람에게 그렇지 않은 사람보다 더 많은 보상을 주는 것이 정의롭다고 생각한다. 또한 착한 일을 한 사람에게는 상을 주어야 하고 악한 짓을 한 사람에게는 벌을 주어야 한다고 믿는다. 상식과 통념에 따르면 성실함은 선과 관련 있고 게으름은 악과 관련 있다. 따라서 노력하는 사람에게 그렇지 않은 사람보다 더 많은 보상을 주어야 한다는 말은 선에는 상을, 악에는 벌을 주어야 한다는 도덕적 판단과도 통한다. 이런 분배 원칙을 응분 원칙이라고 한다. 이 응분 원칙은 선과 악에 대한 사람들의 상식적 도덕관, 즉 상식적 정의론과 어울린다. 피상적으로 능력주의가 응분 원칙과 유사해 보이므로 사람들이 능력주의 정의론을 옳다고 믿기 쉽다는 것이다.

능력주의 정의론이 한국 사회에서 유행하게 된 이유는 또한 능력을 선망하는 사람들, 열심히 자기계발에 몰두하는 사람들의 강력한 지지를 받고 있기 때문이다. 사람들은 개인 간 경쟁에서 살아남거나 승리하는 유일한 길은 능력을 키우는 것뿐이라고 믿는다. 90년대 이후 자기계발 분야의 책이 베스트셀러 대부분을 차지하게 된 것은 이 때문이다. 한국에서 능력이나 실력은 부와 성공의 보증수표이자 그것의 상징이다. 한국인 대부분은 '성공=능력'의 공식을 확고하게 믿는다. 이 때문에 한국인은 능력을 갈망한다.

능력을 키워서 성공하기를 원하는 사람들은 성공한 사람, 능력 있는 사람과 자신을 동일시한다. 그들에게 미래의 자신을 투영하는 것이다. 관심 역시 온통 그들에게로 쏠린다. 성공한 사람, 능력 있는 사람은 애정하지만 실패한 사람, 무능력한 사람은 혐오한다. 성공한 미래의 나는 사랑과 숭배의 대상이지만, 미래의 내가 실패하는 모습은 상상하기조차 싫기 때문이다. 능력을 키우기 위해 심혈을 바치는 사람들에게 능력에 따른 분배가 정의라는 주장은 너무나 당연하게 들릴 것이다. 그들로서는 능력주의에 반대한다는 말처럼 듣기 싫은 말이 없을 것이다. 다른 분배 원칙이 등장한다면, 자신들이 열심히 노력해 능력을 키운 후에 이를 보상받을 수 없게 되기 때문이다.

오늘날 청년 세대는 능력을 키워야 자신들이 한국 사회에서 살아남을 수 있다고 믿으며, 이 믿음에 인생을 바치고 있다. 그들로서는 마침내 자신의 능력을 높였는데 그에 합당한 보상을 받지 못하는 부정의한 현실을 절대로 받아들일 수 없다. 취직을 위해 그토록 열심히 공부해 능력을 키웠기 때문에, 누군가가 능력도 없이 낙하산으로 일자리를 얻으면 몹시 분개한다. 이는 자신의 능력, 노력을 배신하는 부정의이자 불의이기 때문이다. 청년들의 심리에 기반해 생각해 보면, 이들이 능력주의를 지지하지 않는 게 훨씬 이상한 일 아닐까?

아무리 노력해도
능력이 늘지 않는 이유

능력주의의 가장 큰 문제점은 자본주의 사회에서 능력이 사회적 기여도와 거의 관련 없다는 점이다. 우리는 누군가 이성을 소개해 주겠다고 하면 "그 사람 능력 있어?"라고 묻는다. 이때 사회 기여도를 묻는 게 아니다. 상대가 돈을 얼마나 잘 버는지를 묻는다. 여기에서 능력은 '돈 버는 능력' 혹은 '돈 되는 능력'을 의미하지, 사회에 기여하는 능력과 무관하다.

  한국 사회에서는 축구 선수가 럭비 선수보다 돈을 더 많이 번다. 이는 축구의 사회적 기여도 때문도 아니고 축구 선수의 능력이 럭비 선수의 능력보다 우수해서도 아니다. 단지 축구가 한국에서 럭비보다 훨씬 더 인기 있는 스포츠 종목, 즉 시장에서 돈이 되는 종목이라서다. 한국 사회에서는 일반적으로 경영학자가 철학자보다 더 돈을 많이 번다. 경영학자는 기업체 강의의 단골손님이다. 하지만 아주 유명한 경우를 제외한다면 철학자는 거의 초대받지 못한다. 대학에서도 경영학과가 철학과보다 더 인기 있고 서열도 높다. 경영학자의 사회적 기여도가 철학자보다 높아서일까? 아니면 경영학자가 철학자보다 학자로서 능력이 더 좋아서일까? 둘 다 아니다. 경영학이 자본주의 사회에서 더 인기 있고, 시장에서 돈이 되는 학문이어서다.

자본주의 사회에서 돈을 많이 벌었거나 성공한 '능력자'는 사회에 더 많이 기여해 돈을 벌지 않았다. 그들은 운 좋게 돈 되는 능력을 타고났거나 돈 되는 능력이 뭔지 알고 그를 계발해 성공했을 뿐이다. 자본주의 사회에서 누군가 신체 능력이 아무리 우수해도, 그가 비인기 종목에 출전한다면 돈을 많이 벌 수 없다. 재능이 뛰어난 예술가나 문학가라도 돈이 안 되는 사회비판적인 작품만 창작하면, 한강 작가처럼 노벨상을 타는 기적이 생기지 않는 한, 분배에서 소외된다. 상담심리학자 진명일은 자본주의 사회가 사람의 능력 중 오직 돈이 되는 것만 존중하며, 돈이 되지 않는 능력이나 재능은 오히려 억제한다고 비판했다.

타고나는 재능조차 자본에 의해 재단되어 쓸모 있는 재능과 쓸모없는 재능으로 분리하고 돈이 안 되는 재능은 폐기처분한다. … 자본주의가 요구하는 재능만을 가지도록 가스라이팅당하는 시대다.[4]

마이클 샌델은 누군가의 능력이나 기술이 돈이 되느냐는 그 시기

사회가 무엇을 원하느냐에 달려 있다고 말했다. 그 시기 어떤 것이 시장성 있어 돈이 될 것인지에 따라 결정되는 셈이다. 다시 말해 우리 사회에서는 특정 능력의 객관적인 사회적 기여도에 따라 분배 정도가 결정되지 않는다. 해당 시기 사회가 어떤 것에 더 많이 분배하느냐에 따라 사회적 기여도가 평가된다.

과거에는 사람을 웃기는 능력이 후한 사회적 평가를 받지 못했다. 사회가 그런 능력을 높이 평가하지 않았기에 사람을 웃기는 사람은 왕궁에서 광대나 하며 어렵게 살았다. 오늘날에는 사람을 웃기는 능력이 높은 평가를 받는다. 그렇기에 웃기는 능력이 뛰어난 사람은 큰돈을 번다. 사회가 변하며 사람을 웃기는 능력이 사회에 기여하는 정도가 변해서 그런 것일까? 그렇지 않다. 자본주의 사회에서 사람을 웃기는 능력이 돈이 되기 때문이다.

능력은 사회적 기여도와 상관이 없다. 자본주의 사회에서는 암묵적으로 돈을 많이 번 사람이 능력이 우수하다고 평가하는 경향이 있다. 부자는 능력이 있어서 부자가 됐으니 불평등은 당연하다는 논지다. 사실 능력주의 정의론은 사회에서 시장성 있는 능력만 높이 평가하고 이렇게 발생한 불평등이 사회적 기여도에 따른 당연한 결과라 합리화할 뿐이다.

마이클 샌델은 어떤 능력이나 재능의 가치는 사회적 기여도는 물론이고 노력과 아무 관계가 없다고 말하며 그들이 TV스타에게 막대한 돈을 주는 사회에 살게 된 것은 행운이지, 그들에게 그럴 자격이 있는 것은 아니다라고 말했다.[5] TV스타는 능력에 따른 분배 원칙 덕분에 부자가 된 게 아니라 오늘날 자본주의 사회가 TV스타를 높이 평가하기에 부자가 되었을 뿐이다. 능력주의의 '능력'이 단지 자본주의 시장이 높게 평가해 보상하는 대상일 뿐이라면 능력에 따른 분배는 정의롭다고 할 수 없다.

실력과 행운 사이, 자격에 관하여

능력주의 정의론의 문제점은 능력이 운에서 자유롭지 않다는 것이다. 정의론에 거대한 족적을 남긴 철학자 존 롤스는 능력과 재능은 물론이고 근면함, 인내심 같은 품성조차 자연이 각각의 개인에게 무작위로 배당한 추첨 결과, 즉 행운으로 보아야 한다고 주장했다. 한국 사회에서 재벌 2, 3세는 막대한 부를 거머쥐고 태어난다. 그들이 가난한 개발도상국이 아닌 한국에서 태어난 것, 가난한 집안이 아닌 재벌가에서 태어난 것이 노력 혹은 능력의 결과일까? 상류층의 자식으로 태어나 부모로부터 경제적 지원을 받아 일류대를 졸업하고 사법시험에 합격해 엘리트가 된 사람이 있다. 이 사람은 아무런 운 없이 순수하게 노력만으로 현재 사회적 지위나 능력을 획득한 것일까? 롤스는 다양한 사례를 들며 능력이 순수하게 자기 노력의 결과라 말할 수 없다고 강조했다. 따라서 능력주의 정의론이 주장하는 능력주의 분배 원칙은 정의롭지 않다. 법학자 김도균은 다음과 같이 말했다.

> 우리는 노력하여 자신의 재능을 발휘한 결과물을 가질 마땅한 도덕적 자격이 있으며, 재능과 노력의 차이로 생겨난 불평등은 합당하다고 생각한다. 그러나 자신의 재능과 노력은 온전히 자신의 몫이 아니다. 이는 선물로 각자에게 주어진 것이다.[6]

만일 능력주의 정의론이 말하는 능력이 진정으로 사회에 기여하는 능력을 의미한다면, 능력에 따른 분배를 정의롭다고 말할 수도 있을 것이다. 그러나 능력주의 정의론의 '능력'은 사회적 기여도와 상관없을 뿐만 아니라 운의 영향을 받으므로 능력은 분배의 주요한 기준이 될 수 없다. 즉 능력에 따른 분배 원칙은 특정한 조건에서 효율적인 분배 원칙이 될 수는 있지만, 보편적 분배 원칙이 될 수는 없다.

또한 능력주의 정의론의 문제점은 능력을 측정해 비교하기가 사실상 불가능하다는 것이다. 능력은 질적으로 너무나 다양해 단일한 기준으로 측정하기 어렵고 어떤 능력이 더 가치 있는 능력인지 비교하는 것도 불가능하다. 법을 잘 알고 활용하는 법률가의 능력과 배관을 고치는 배관공의 능력을 단일한 기준으로 측정할 수 있을까? 물론 돈이 기준이라면 법률가의 능력이 더 높게 평가될 것이다. 한국 사회에서는 법률가가 배관공보다 돈을 더 많이 벌기 때문이다. 사회적 분열과 갈등이 심각할수록, 또 인간관계가 악화할수록 법률가는 중요해진다. 이런 사회에서는 법률가가 돈을 많이 벌고 그에 따라 그의 능력도 높게 평가된다. 만일 사회가 화목하고 인간관계가 양호하다면 법률가는 필요가 없어진다. 이런 사회에서는 배관공이 더 많은 돈을 벌 수도 있다. 배관공의 능력을 법률가보다 더 높게 평가할 수 있는 셈이다. 미국에서는 법률가가 다 없어지면 세상이 더 아름다워질 거라는 농담도 유행한다. 사회 유지를 기준으로 본다면 법률가보다는 배관공이 없어지는 것이 더 큰 문제가 될 것이다.

  이렇듯 질적으로 다른 능력을 단일한 기준으로 측정하는 일은 불가능하다. 따라서 비교가 공정할 리 없다. 법률가의 능력이 배관공의 능력보다 더 가치 있다고 판단하기 위해서는 단일한 기준으로 측정할 수 있어야 한다. 저울로 법률가와 배관공의 무게를 재 그 값을 비교하는 것처럼 말이다. 하지만 질적으로 다양한 능력을 측정하는 단일한 기준이 있을 리 없다. 물론 달리기나 수영 같은 기록경기라면 가능할지도 모른다. 토끼와 거북이의 달리기 능력처럼 차이가 확연히 크다면, 어느 한 편의 능력이 더 우수하다고 판단할 수 있을 테다. 하지만 골키퍼나 공격수처럼 다른 역할을 가진 축구 선수 사이의 능력, 예술적 창조력처럼 복잡하거나 포괄적인 능력을 단일한 기준으로 측정하고 비교하는 것은 여전히 불가능하다. 동일 능력을 비교할 때조차 그 차이가 크지 않으면 어느 쪽이 더 우수하다 판단 내리기가 어렵다. 하지만 부와 성공을 능력과 동일시하는 경향이 있는 자본주의 사회는 이것이 가능하다 착각한다.

불평등한 결과를 합리화할 뿐

한국 사회는 능력에 따라 분배하는 사회가 아니다. 불평등한 분배를 능력에 따른 분배라고 합리화해 우기는 사회이다. 성형외과 의사의 능력이 외과 의사의 능력보다 더 가치가 있어서 돈을 많이 버는 걸까? 한국 사회는 암묵적으로 돈을 잘 벌수록 능력이 있다고 여긴다. 반대로, 왜 어떤 사람이 돈을 많이 버느냐고 묻는다면 그에게 능력이 있기 때문이라고 대답한다. 그러나 돈은 능력을 측정하는 단일한 기준이 될 수 없으며 능력에 따라 돈이 분배될 수도 없다. 능력은 단일한 기준으로 측정도, 비교도 불가능하기 때문이다. 사회적 기여도도 마찬가지다. 아주 큰 차이가 있지 않다면 누구의 사회적 기여도가 더 크다고 정확하게 판단하기란 대단히 어렵다.

능력주의 정의론이 말하는 능력, 그리고 그와 동일시하는 사회적 기여도를 엄밀하게 분배 원칙으로 삼는다면 사회적 갈등이 발생할 수밖에 없다. 어떤 회사의 상품이 대박 났다고 가정하자. 그 상품의 아이디어를 제공한 사람, 회사에 자본을 투자한 주주, 회사 경영을 맡은 경영자, 상품을 만든 노동자, 상품을 홍보한 영업사원의 기여도를 정확하게 계산할 수 있을까? 상품의 아이디어를 제공한 사람이 회사에 가장 크게 기여했다고 그에게 수익의 80%를 분배한다면 어떻게 될까? 아마 그 기준을 둘러싸고 싸움이 벌어질 것이다. 측정 불가능한 기준으로 분배한다면 반드시 누군가의 반발을 살 수밖에 없을 터, 능력주의 정의론은 불평등한 결과를 합리화할 뿐이다. 이를 옹호하는 일은 사회 분열과 갈등을 옹호하는 것과 같다.

역사상 능력에 따른 분배는 단 한 번도 없었다

능력주의는 기회의 공정과 평등만 보장된다면 결과의 불평등은 정의롭다고 강조하기에 합리적이라는 착각을 불러일으키기 쉽다. 능력주의 논리 아래서는 기회가 공정하고 평등하다면 개인이 능력을 얼마나 키우느냐의 문제만 남는다. 결국 결과의 불평등은 다 개인 책임으로 귀결된다. 과연 이 주장은 타당할까?

  능력주의에 따르면 서울 거주자는 참가할 수 있지만 인천 거주자는 참가할 수 없는 달리기 시합은 불공정하다. 기회의 공정이 보장되지 않기 때문이다. 그러나 평등과 공정이 보장된다면 달리기 시합의 결과가 불평등하더라도 그 시합은 정의롭다. 달리기 능력이 우수하거나 더 열심히 달린 사람이 승리할 것이고, 달리기 능력이 열등하거나 게으른 사람은 패배할 것이기 때문이다. 따라서 시합 결과에 따라 차등 분배를 하더라도 전부 개인 책임이다. 한국에 사는 모든 국민에게는 부자가 될 수 있는, 즉 경쟁에 참여할 수 있는 평등과 공정이 보장된다. 능력 있는 사람, 열심히 노력한 사람이 승리하고 능력 없는 사람, 열심히 노력하지 않은 사람이 패배할 것이다. 따라서 그 결과로 발생한 한국 사회의 불평등은 전부 개인 책임이다. 어떤 사람은 이가 옳은 말이라고 생각할지도 모른다. 그러나 이 주장에는 결정적인 허점이 있다.

달리기 시합에 참여한 두 아이가 있다. 한 아이는 부잣집 출신이라 영양 상태가 매우 좋다. 달리기 시합에 최적화된 운동복과 신발도 있다. 다른 아이는 가난한 집 출신이어서 영양 상태가 부실하다. 달리기에 불리한 청바지를 입고 고무신을 신었다. 이런 조건이라면 가난한 집 아이의 능력이 우수하다 할지라도 부잣집 아이를 이기기는 힘들 것이다.

미국에서는 슬럼가 출신 흑인에게도, 중산층 출신 백인에게도 평등한 기회가 보장된다. 하지만 승자 대다수는 백인이다. 왜일까? 배경의 불평등 때문이다. 다수의 연구에 의하면 미국에서 큰 성공을 거두는 사람들은 대체로 중산층 이상의 백인 가정에서 좋은 유전자를 타고난 남성이다.[7] 한국 사회도 모든 국민에게 공정하고 평등하게 기회를 보장하지만, 승자 대다수는 기득권 출신이다. 역시 배경이 불평등해서다. 배경이 불평등하다면 능력에 따른 분배는 부정의하다. 이런 맥락에서 법학자 김도균은 불공정한 사회제도에서 쌓아 올린 능력, 노력, 성과 등에 근거해 분배 자격을 주장하는 것은 타당하지 않

다고 주장했다.[8]

 능력주의 정의론은 경쟁에 필요한 능력과 자격을 갖출 기회가 모두에게 공정하게 제공되었는지, 즉 경기장에 들어오기 전 불평등에 관해서는 전혀 생각하지 않는다. 기회의 공정, 절차의 공정뿐 아니라 사람들이 경쟁에 필요한 능력을 키울 수 있는 배경까지 공정해야 진정한 공정이다. 한국인이라면 누구나 '수서 세급론'을 알고 있다. 우리는 한국의 사회제도가 정의롭지도, 공정하지도 않다는 사실을 안다. 그러나 사회제도를 바꾸는 것은 불가능하다 믿기에 배경의 불공정을 용인한다. 즉 한국인은 배경의 불공정을 눈감을 테니 기회의 공정, 절차의 공정만이라도 보장하라고 요구하고 있다. 이것은 능력주의 정의론이 차선의 정의론임을 의미한다. 부정의한 사회를 개혁하려는 사회정의의 이상을 포기한 상태에서 어쩔 수 없이 선택한 정의론이기 때문이다.

 한국인은 부정의한 한국 사회를 어쩔 수 없이 용인하고 있다. 그러나 그들 마음속 깊은 곳에서는 부정의한 사회에 대한 분노가 이글거리고 있다. 최순실의 딸인 정유라가 SNS에 올렸던 글이 청년 세대의 격분을 산 것도 이 때문이다. 그녀는 능력주의 정의론에 기초해 부모도 돈도 능력이니 능력이 없으면 조용히 찌그러지라고 적었다. "능력 없으면 니네 부모를 원망해. 있는 우리 부모 가지고 감 놔라 배 놔라 하지 말고. 돈도 실력이야. 불만이면 종목을 갈아타야지. 남 욕하기 바쁘니 아무리 다른 거 한들 어디 성공하겠니?" 이 말에는 배경의 불공정을 그냥 감내하라는 조롱이 담겼다. 그야말로 능력주의의 진수다. 능력주의는 배경의 불평등과 결과의 불평등을 긍정하는 상태에서 공정한 기회와 경쟁만을 떠드는 가짜 정의론이기 때문이다.

배경의 불평등을 외면한 차선의 해악

능력주의는 사람들이 불평등에 찬성하도록 만든다. 불평등의 수호자인 셈이다. 한겨레경제사회연구원이 2018년 1월 실시한 여론조사 결과에 따르면 응답자 중 81%가 '정규직과 비정규직이 하는 일이 동일하다면 비정규직 차별을 없애고 정규직과 동일하게 대우해야 한다'는 주장에 찬성했다. 동시에 61.3%는 '어렵게 취업을 준비해 정규직으로 입사한 사람과 그렇지 않은 비정규직의 차등 대우는 불가피하다'라는 문항에 동의했다.[9]

첫 번째 질문에 대해 압도적 다수가 차별 대우를 반대한 이유는 '하는 일이 동일하다면'이라는 문구 때문이다. 응답자는 이 문구에 근거해 동일 노동에 동일 임금을 지급하는 것이 공정하다고 판단했다. 똑같은 일을 시키는데 월급을 적게 주는 일은 불공정하다는 인상을 준다. 반면 61.3%나 되는 사람들이 차등 대우에 찬성했다. 앞선 문장과 모순적임에도 말이다. '어렵게 취업을 준비해 정규직으로 입사한 사람과 그렇지 않은 비정규직'이라는 문장 때문이다. 후자는 정규직은 많이 노력한 사람들, 비정규직은 그렇지 않은 사람들이라는 편견을 전제한다. 이 결과 역시 능력주의가 정의롭다는 사고의 산물이다. 한국인은 정규직이 되는 능력 역시 노력으로 얻을 수 있다고 생각하기 때문이다. 능력과 노력을 동일시하는 셈이다. 청년 세대는 한국 사회에서 비정규직을 정규직으로 전환하자는 주장이 나올 때마다 반대한다. 열심히 노력해 정규직이 된 이들에게 공평하지 않은 처사라고 생각하기 때문이다.

안타깝게도 이는 능력주의를 폭넓고 깊이 있게 이해하지 않은 탓이다. 오히려 이를 좁은 의미로 이해한 결과다. 이들의 사고방식에 따르면 능력주의는 대학 입학, 혹은 채용 과정에서 시험을 비롯한 공개경쟁을 펼치고, 여기서 발휘된 능력과 성과를 공정하게 측정하는 과정을 의미한다. 이렇게 능력 혹은 실력이 가장 뛰어난 사람을 공정하게 선발하는 것이 능력주의라고 이해하는 것이다.

이는 능력주의 분배 원칙이 개인 간 경쟁에 특화된 분배 원칙임을 시사한다. 능력주의는 입학이나 입사 시험 같은 특정 개인 사이 경쟁에서만 통용될 수 있는 협소한 분배 원칙이다. 이를 전체 사회에 적용할 수는 없다. 이렇게 능력주의를 좁은 의미에서만 바라본다면, 이를 정의로운 주장이라 오해할 수 있다. 시험 성적에 따라 합격 여부를 가르자는 주장은 굉장히 정의롭게 들리지 않는가?

능력주의는 배경 정의, 사회정의를 외면하며 능력에 따라 불평등하게 분배된 결과 역시 정의로 간주한다. 결과적으로 불평등을 합리화하는 역할을 수행하는 셈이다. 영국의 사회학자 마이클 영은 1958년 출간한 《능력주의의 부상》에서 능력주의 분배 원칙에 기반하는 기회의 평등이 구현된 사회가 불평등한 신분사회로 전락하는 모습을 묘사했다.[10] 그의 주장처럼 개인 간 경쟁과 그에 따른 분배는 필연적으로 개인 서열사회로 이어진다. 능력주의가 득세한 서열사회에서 살아가는 이들 중 서열이 낮은 사람은 자신의 서열을 당연하게 여긴다. 자기 능력과 노력이 부족하다고 생각하고, 불평등을 자연스레 받아들이는 셈이다. 반면 서열이 높은 사람은 높은 자존감을 가지며 독선적으로 군다. 자신의 부와 서열을 온전히 본인 노력과 능력으로 얻어냈다고 생각하기 때문이다. 능력주의가 지배하는 서열사회에서, 사람들은 자신이 성공했든 실패했든 모든 걸 본인 책임이라 여기게 된다. 불평등 역시 누군가의 책임이니 받아들일 수밖에 없다. 김비환은 이렇게 말했다.

한국에서는 대체로 능력에 따른 분배를 충실히 이행하는 것이 정의로 통한다. 하지만 이런 능력주의 정의관을 실행하면 할수록 부익부 빈익빈 현상은 더욱 심각해진다.[11]

삶이 생존하기 어려울 정도로 힘든 것도, 서열이 낮은 것도 전부 자기 능력 부족 때문이라고 믿는다면 자기혐오에 빠지게 된다. 그 결과 우울증에 취약해진다. 전부 내 탓이니, 자연스럽게 분노가 자신을 향하기 때문이다. 자기혐오가 심한 사람은 자기를 돌보지 않고 방치하거나 스스로 건강을 해치는 자기파괴적 삶에 빠지기 쉽다. 심각한 경우 사회적 존재로서 사망에 이르게 되거나 극단적 선택을 하게 될 수 있다.

서열사회, 부익부 빈익빈의 지름길

능력주의와 관련해 마지막으로 언급하고 싶은 것은 지금까지 인류 역사상 능력에 따른 분배가 이루어진 적이 없다는 점이다. 지금도 그러하다. 1980년, 미국 주요 기업의 CEO는 보수로 노동자 보수의 42배를 받았다. 2007년에는 이 격차가 344배로 벌어진다. 이렇게까지 임금격차가 심화한 이유는 무엇일까? 미국이 신자유주의 사회가 되며 CEO의 보수를 제한하는 법이 없어졌기 때문이다. 2007년의 CEO는 이 모든 게 전부 능력에 따른 분배 때문이라 우길 것이다. 그러나 이들은 단지 자본가에게 유리하게 바뀐 분배 규칙의 수혜자일 뿐이다.

노벨상 수상자인 경제학자 조지프 스티글리츠는 갑부들이 과도할 정도로 많은 부를 축적할 수 있었던 건 지대추구 능력 때문이라고 주장했다. 여기서 지대추구 능력이란 절제 없이 욕망해 불로소득을 버는 능력이다. 빌 게이츠는 DOS라는 운영체제를 만들어 갑부가 된 것으로 유명하다. 그러나 최초의 운영체제인 DOS는 그가 혼자서 만들지 않았다. 여러 사람이 협력해 만든 결과다. 빌 게이츠는 그것을 손봐 저작권을 확보했고 때마침 개인용 PC 시장을 개척하려던 컴퓨터 업체에 이를 납품해 갑부가 되었을 뿐이다. 그 후 마이크로소프트는 불공정 독점으로 사세를 확장했다.

　사회적 기여도를 기준으로 삼는다면 빌 게이츠보다 인터넷을 발명한 사람이 훨씬 더 많은 돈을 벌었어야 한다. 인터넷이야말로 인류 이득에 거대한 공헌를 했고, 빌 게이츠나 저커버그 같은 이들이 돈을 벌 수 있는 기반을 제공했기 때문이다. 그러나 인터넷 발명자는 돈을 벌지 못했다. 인터넷을 인류 공동 자산으로 여겨 특허를 내지 않았기 때문이다. 노벨상 수상자로 유명한 과학자 마리 퀴리도 마찬가지다. 주변 사람은 그녀에게 특허를 신청하면 큰돈을 벌 수 있다고 권유했다. 하지만 그녀는 자신의 발견을 인류 공동 자산으로 여겨 이를 거부했다. 결국 그녀는 부자가 되지 못했다.

　스티글리츠는 이런 사례를 거론하며, 능력주의가 한껏 추켜세우는 '능력'이란 지대추구 능력에 불과하다고 비판했다. 스티글리츠의 주장에 따르면, 오늘날 심각한 불평등은 능력에 따른 분배가 아니라 지대를 추구한 결과다. 대부분 한국 재벌 역시 그렇다. 그들은 능력 덕분에 재벌이 되지 않았다. 해방 직후 미군정 시기 미군정으로부터 적산을 불하받거나 군부독재 시기 독재정권에 정치자금을 헌납해 특혜를 받았을 뿐이다. 정경유착에 힘입어 재벌이 된 셈이다. 불평등은 능력에 따른 분배의 결과가 아니다. 지금까지 인류 역사에서 능력주의 분배 원칙에 따라 분배가 이루어진 적은 단 한 번도 없었다. 지금도 그러하며, 앞으로도 계속 그럴 것이다. 능력주의는 기회의 평등과 공정을 보장할 테니 기존 불평등을 문제 삼지 말고 다들 능력을 키워 부자가 되라고 부추긴다. 그러나 기존 불평등을 타파하지 않는 한 사회는 변하지 않는다.

능력에 따른 분배는 불가능하고 부정의하다. 능력은 단일한 기준으로 측정해 비교할 수 없다. 능력은 사회적 기여도와 관련 없는데, 둘을 함께 분배 기준에 넣는 것은 논리적이지 못하다. 오늘날 한국에서 능력주의는 직업에 따라 보수를 미리 정해놓고 자격시험을 보게 해 자신이 능력에 합당한 보수를 받는다고 착각하게 만드는 도구에 불과하다. 그럼에도 절박한 한국인, 특히 청년 세대는 능력주의를 지지한다. 간절하기 때문이다. 이들은 사회정의에 목소리 내기보다, 피나는 노력으로 능력을 획득해 합당한 보수를 받고 싶어 한다.

마이클 샌델은 탐욕보다 실패에 엄격하며 성공한 사람은 포상받을 자격이 있다고 믿는 미국인의 생각이야말로 아메리칸 드림의 핵심이라고 말했다.[12] 그의 말에 빗대면, 노력으로 능력을 확보한 사람은 반드시 그에 합당한 보상을 받아야 한다는 믿음이 코리안 드림의 핵심이다. 한국 청년 세대는 이 소박한 믿음을 붙들고 있을 뿐이다. 이들은 일확천금을 노리지 않는다. 다만 사회정의를 포기한 채 개인적 노력에 대한 보상에만 목을 매고 있을 뿐이다.

열심히 노력했는데도 취직하지 못하거나 제대로 된 월급을 못 받을까 봐 능력주의를 지지하는 청년 세대뿐 아니라, 부당한 방법으로 돈을 벌거나 취직한 사람들도 자신이 받는 보수에 정당성을 부여하기 위해 능력주의를 적극 지지한다. 그들은 자기 능력과는 상관없이 혹은 능력에 비해 과도하게 축적한 자신의 부를 지키기 위해 능력주의를 옹호한다.

능력주의 관점에서 본다면 드라마 〈오징어 게임〉 속 배팅은 능력에 따라 자본을 분배하는 정의로운 게임일지도 모른다. 가장 능력이 뛰어난 사람이 끝까지 살아남아 막대한 보상을 받기 때문이다. 그런데 〈오징어 게임〉을 보면 끝까지 살아남는 능력과 사회에 기여하는 바는 아무런 상관이 없다는 것을 알 수 있다. 오히려 경제학자 스티글리츠의 말처럼 지대를 추구하거나 반사회적이고 이기주의적으로 굴어야 끝까지 생존할 수 있다. 주인공 성기훈을 제외하고 〈오징어 게임〉 시즌 2, 3에서 끝까지 살아남는 사람들은 착한 사람들이 아니라 악한 사람들이다. 악당으로서의 능력이 경쟁에서 이기는 능력일 수 있음을 통렬하게 고발하는 대목이다.

오늘날 한국 사회에서 진정으로 성공하거나 출세하고 싶다면 능력을 쌓는 것만으로 부족하다. 이를 악물고 악해져야만 한다. 직원에게 너그럽게 구는 사장보다 악한 사장이 더 많은 돈을 벌 수 있다. 물론 착한 사람도 돈을 벌 수 있지만, 특수한 예외를 제외한다면 큰돈을 벌기 힘든 게 현실이다. 상담심리학자 진명일은 "선량하기 때문에 가난하다"고 쓸쓸한 어조로 말했다.[13] 한국 사회에서 성공한 사람들, 부자가 된 사람들 대다수는 정말 능력자일까? 아니면 악한 사람일 뿐일까?

4장

가짜 정의 2:
기계적 공정이 최선이라는 착각

능력이 안 되는 자에게
할당을 반대한다

한국 사회는 기계적 공정을 주장하는 목소리가 크다. 기계적 공정은 모두에게 같은 기회를 제공해야 하니 약자나 소수자를 배려하는 모든 일을 불공정으로 간주해 반대하는 견해를 말한다. 예를 들어 미국에서 흑인을, 한국에서 농촌 출신을 우대하는 정책을 반대하는 셈이다. 기계적 공정을 지지하는 사람은 취업 과정에서 소수자나 약자를 우대하는 것, 비정규직을 정규직으로 전환하는 것, 남자들만 군대에 가는 것이 모두 역차별이라 주장한다.

능력주의 정의론으로부터 파생된 기계적 공정 역시 '능력'에 따른 분배를 지향한다. 이를 지지하는 사람은 오직 능력을 기준으로 분배해야 공정하다고 생각하기에, 소수자나 사회적 약자라는 이유만으로 능력이 부족한 사람에게 기회를 주는 것은 공정하지 않다고 주장한다.

한국의 남성 청년, 특히 20대는 문재인 정부 시기 여성가족부에서 추진했던 '여성할당제'가 남성에 대한 역차별이라며 반대했다. 물론 나름의 이유가 있다. 사실 오늘날 20대 남성은 여성보다 아주 유리한 위치에 있지 않다. 20대 후반 청년 세대가 대상인 통계를 보면 여성 고용률이 남성 고용률보다 높고 남녀 간 임금 수준도 차이가 크지 않다. 하지만 30대가 되면 고용 안정성과 임금 부분에서 남성이 여성보다 우위에 서기 시작한다. 30대 이상 남성은 사회생활을 할수록 이런 현실을 자연스레 인식하면서 여성 배려 정책에 찬성하는 경향을 보이기도 한다.

대통령 직속 정책기획위원회인 '2030 젠더의식 TF'가 한국리서치에 의뢰해 실시한 조사에 따르면 응답자들은 채용 시 여성 우대와 여성 임원 확대 정책에는 낮은 지지율을 보였지만, 여성 경력단절 예방과 남성 육아휴직 확대에는 남녀 모두 높은 지지율을 보였다.[14] 이는 남성 청년, 특히 20대 남성에게 폭넓은 시야로 남녀 문제를 조망할 마음의 여유가 없음을 보여준다. 고립적 생존불안에 압도된 20대 청년은 한국 사회 전반의 문제에 관심을 기울일 여력이 없다. 자연스럽게 정의를 오직 20대 취업의 문제에 국한해 생각하기 때문이다.

상당수 한국인은 기계적 공정을 내세우며, 소수자나 사회적 약자를 배려하는 정책이 불공정하다고 주장한다. 이들은 각종 선발 과정에서 사회적 약자를 우대하면 '능력이 안 되는데 소수자니까 뽑는다'고 반발한다. 오로지 정체성에 기반해 소수자와 사회적 약자를 배려하는 것은 불공정하다는 논지다.

약자와 소수자를 왜 배려하나?

사회가 소수자를 우대하는 이유는 무엇보다 배경의 불평등을 교정하고자 함이다. 소수자나 사회적 약자는 애초부터 불리한 처지다. 기회를 평등하게 보장하는 것만으로 사회적 차원의 불평등을 교정하기는 힘들다. 중산층 이상 도시 가정에서 태어난 사람에 비해 가난한 농어촌 가정에서 태어난 사람은 출발점이 불리하기 때문이다. 이를 무시하고 기회의 평등만 보장한다면 농어촌 가정 출신이 경쟁에서 이기기란 대단히 어렵고, 사회적 차원의 불평등이 심화할 것이다. 이렇게 보면 사회가 소수자나 사회적 약자를 배려하는 정책은 정의에 부합된다고 할 수 있다.

소수자 배려 정책은 경쟁에서 불리한 사람에게 기회를 제공해 사회적 부를 아주 조금이라도 재분배하는 기능을 한다. 동시에 이는 그들이 사회적으로 인정받는 것을 더 어렵게 만들기도 한다. 나쁜 경우 더 심한 차별이나 학대를 겪게 만들 위험도 있다. 한국의 대학생은 지역균형선발 전형 출신 학생을 '지균충', 기회균등 전형 출신 학생을 '기균충'이라 부르며 경멸하고 하위 서열 취급한다. '배려'받아 입학한 이들은 반칙을 사용해 공정한 정의를 부순 것이나 마찬가지니, 본인들과 같은 서열로 인정하지 않고 배척하는 것이다.

소수자, 사회적 약자 우대 정책은 불평등을 시정하는 데 효과적이지 않다. 이들이 경쟁에서 불리한 처지라는 사실, 다시 말해 배경의 불평등이 심하다는 사실은 사회적 차원에서 정의가 실현되지 않았음을 의미한다. 궁극적으로 이를 해결하기 위해서는 사회적 차원의 불평등 문제를 적극적으로 직면해야 한다. 이를 방기한 채 소수자, 사회적 약자 우대 정책만 실행하는 건 그들이 능력주의 경쟁에 뛰어들도록 장려하는 일에 지나지 않는다. 오히려 경쟁을 격화하므로 서로 단결하고 사회적 불평등에 맞서려는 의지를 약화할 수도 있다. 물론 소수자나 사회적 약자를 우대하는 정책은 지금 시점에서 단기적으로는 유의미하다. 단지 그것만으로 불평등을 해결하지 못할 뿐이다.

기계적 공정을 지지하는 사람은 같은 맥락에서 비정규직의 정규직 전환도 반대한다. 2020년 6월 인천국제공항공사는 공항소방대원과 보안검색요원을 포함한 일부 '자회사 소속 비정규직 노동자'를 '자사 직고용 정규직'으로 전환하겠다고 발표했다. 그러자 정규직 노동조합은 성명서를 통해 "비정규직 보안검색요원을 정규직으로 전환하는 것은 공정의 가치에 반하는 행위"라고 주장했다. 이 소식을 접한 청년들은 비정규직을 정규직으로 전환하는 행위는 불공정하며, 사실상 무임승차에 가깝다고 주장하며 반발했다. 당시에 취준생 카페에는 "시험 잘 보려고 열심히 공부한 내가 호구" "이런 역차별이 정부가 생각하는 공정이냐" 같은 글이 연달아 올라오기도 했다.

노동조합조차 비정규직의 정규직화에 반대했다는 현실은 한국 사회에 능력주의와 기계적 공정이 얼마나 뿌리 깊이 자리 잡았는지 보여준다. 한국 사회 구성원 대다수가 비정규직 정규직화를 능력, 즉 노력에 따른 분배 원칙을 위반하는 명백한 불공정, 부정의라 인식하기 때문이다. 이들의 관점에서 봤을 때, 정규직이 되기 위해서는 특정한 능력이 필요하고 그것을 획득하기 위해 피나는 노력을 해야 한다. 비정규직은 노력이 부족해 정규직이 되지 못했다. 따라서 열심히 노력해 정규직이 된 사람과 그렇지 않아 비정규직이 된 사람을 차별 대우하는 것이 공정이고 정의다.

기계적 공정론은 능력주의가 왜 결과적으로 불평등을 옹호하는지 명확하게 보여준다. 정규직 전환이 문제가 되는 이유는 비정규직과 정규직 사이 임금 격차가 있어서다. 만일 한국의 사회안전망이 촘촘해 양자 사이 임금 격차가 크지 않았다면 비정규직을 정규직화하라는 목소리도, 이에 대한 정규직의 반발도 지금보다 작았을 것이다. 정규직과 비정규직 간 임금 격차가 크지 않으며 사회안전망이 잘 마련된 북유럽 사회는 비정규직을 정규직화해야 한다는 요구가 거의 없다. 사회적으로 문제가 되지도 않는다. 국가 차원에서 실업 대책이 잘 되어 있을 뿐만 아니라 제도적으로 재취업을 돕기에 해고가 두렵지 않다. 무상교육과 무상의료가 실시되니 해고당하더라도 당사자는 물론 당사자 가족 삶의 질도 떨어지지 않는다. 결국 문제의 핵심은 고용 형태의 차이가 아니라 큰 임금 격차와 고용불안정성에 있다. 한국은 동일 노동조차 정규직과 비정규직 사이 임금 격차가 대단히 크다. 사회안전망이 거의 없어 해고된 이들은 삶에 큰 타격을 입는다. 그렇기에 비정규직의 정규직화 요구가 높을 수밖에 없는 것이다.

비정규직은 정규직이 되어서는 안 된다?

능력주의나 기계적 공정을 지지하는 사람이 비정규직 정규직화에 격렬하게 반대하는 이유는 다음과 같다.

첫째, 한국인은 자신의 고통을 돈으로 보상받지 못하면 억울해서 견딜 수 없을 정도로 불행한 삶을 살고 있다. 요즘 한국에서 가장 인기 있는 직업은 성형외과나 피부과 의사일 것이다. 한국에서 내로라하는 수재 대부분이 그 둘이 되고자 한다. 그런데 의대를 진학하는 데에 삶을 바치는 청년은 과연 행복할까? 그렇지 않다는 게 문제다. 한국에서 의대에 진학하는 청년 중 정말로 의학을 좋아해서, 혹은 의술로 인류를 구원하려는 사명감이 있어서 의대에 진학하는 청년은 거의 없다. 대부분 어릴 때부터 부모가 조건부 사랑을 이용해 의대에 가라고 압박해서, 아니면 한국 사회에서 가장 서열 높은 직업이 의사여서 의대에 간다.

의학에 관심도 없는 청년, 의술로 사회에 봉사하려는 열망이 없는 이에게 의대 진학을 위해 처절히 공부하는 과정은 끔찍한 고통일 뿐이다. 힘겨운 삶을 겨우 버티고 있는데, 운동장에서 즐겁게 축구하는 놈들을 보면 부아가 치민다. 자기만큼 죽기 살기로 공부하지 않는 인간을 보면 화가 나는 건 심리적으로 당연한 일이다. 그리고 자연스럽게 자신의 고통을 반드시 더 많은 돈, 더 높은 서열로 보상받아야 한다고 생각한다. 내가 피눈물을 흘리며 의대 진학을 위해 공부했을 때 나만큼 열심히 공부하지 않았던 이들은 나보다 돈을 훨씬 적게 받아야 한다. 나보다 훨씬 낮은 서열에 위치해야 한다. 그렇지 않으면 억울해서 도저히 견딜 수 없기 때문이다.

만일 한국인 대부분이 좋아하는 공부나 원하는 일을 할 수 있게 된다면 어떨까? 공부와 노동이 즐거워질 것이다. 내가 좋아서 하는 공부라면, 내가 공부할 때 밖에서 축구하는 친구들을 보더라도 부아가 치밀 일이 없다. 나의 고통을 반드시 돈이나 서열로 보상받아야만 한다는 비정상적인 욕망도 생기지 않는다. 내가 고통스럽게 공부할 때 놀았던 친구들을 발밑에 둬 분을 풀어야겠다는 복수의 마음이 없어지는 셈이다.

무상의료제가 시행되는 북유럽 사회는 의사의 소득이 그다지 높지 않다. 의학을 진심으로 좋아하거나 의술로 사회에 봉사하려는 열망이 있는 청년만이 의사가 된다. 물론 북유럽에서도 의사가 되는 일은 쉽지 않으니 치열하게 공부해야 하는 건 마찬가지다. 하지만 의사가 되더라도 자신의 노력을 반드시 돈과 서열로 보상받아야 한다거나 술렁술렁 공부했던 친구를 차별 대우해야 한다고 생각하지 않는다. 그들은 의사에게 주어지는 사회적 존경만으로 만족한다.

한국인 대부분은 인간다운 삶이 아니라 돈 버는 데 집중하는 삶을 산다. 공부도 일도 돈을 벌기 위해 할 뿐이다. 그러니 그 둘이 즐거울 리 없다. 오히려 지겹고 고통스럽다. 따라서 자신의 고통은 반드시 정당한 보상을 받아야 한다고 믿는다. 만일 자기보다 덜 고통받은 사람이 자기만큼 돈을 벌거나 자기와 같은 서열에 위치한다면 견딜 수 없이 화가 난다. 불공정하고 부정의하기 때문이다. 한국 청년 세대가 인천국제공항공사 비정규직 정규직화를 강하게 반대하는 현상에도 이와 동일한 심리가 작용한다. 차별에 찬성하는 한국인의 마음 깊은 곳에는 자신의 고통스러운 인생을 돈과 서열로 보상받으려는 심리가 있다. 불행한 삶을 강요당하는 한국인은 고통을 경쟁하는 중이다. 더 큰 고통에 더 큰 보상이 따라야 한다는 믿음에 기초해 차별을 찬성하는 셈이다.

둘째, 한국인은 서열에 목숨을 건다. 앞서 언급했듯, 개인 서열사회에서 살다 보면 필연적으로 자기보다 서열이 높은 타인을 상대하게 된다. 그 과정에서 무시나 차별, 심지어 인격적 모독, 학대를 경험한다. 그런 일을 당하면 속이 부글부글 끓을 수밖에 없다. 한국인은 반드시 서열 상승에 성공해 자기를 무시했던 이들에게 복수하는 날을 꿈꾼다. 동시에 상위 서열에 속한 이들로부터 입은 상처와 분노를 해소할 감정 쓰레기통도 필요하다. 사장한테 갑질을 당한 관리자는 평직원에게 화풀이해 자신의 분을 푼다. 과거에는 갑질을 당하더라도 공동체 속에서 상처를 치유하거나 건강하게 해소할 수 있었다. 혹은 집단 대응으로 노동조합을 만들어 갑질한 사람에게 저항하기도 했다. 하지만 공동체가 전멸한 지금은 이가 불가능하다.

마음속 불길은 자기보다 서열이 낮은 대상을 향해 터져나간다. 인천국제공항공사 정규직 노동자들보다 서열 높은 사람은 많다. 동시에 그들보다 서열 낮은 사람도 있다. 바로 비정규직 노동자다. 비정규직이 정규직으로 전환되면, 정규직 노동자는 자신보다 서열이 낮은 이들이 자신과 동급이 된다고 생각할 수밖에 없다. 상대적 서열사회인 한국에서 이는 정규직의 서열이 하락하는 의미나 다름없다. 아래 서열이 한 계단 없어지는 만큼 자신의 서열도 그만큼 아래로 내려가는 셈이기 때문이다. 개인 서열사회에서 살아가는 한국인은 자신의 서열이 상승하기를 바라는 동시에 본인 아래 서열에 있는 사람의 서열이 상승하지 않기를 바란다. 부정의한 서열사회를 근본적으로 개혁하려는 이상을 포기했으니, 자신의 서열이 더 떨어지지 않도록 방어할 필요가 있기 때문이다.

절차적 정의,
진정한 개혁을 포기한 대가

기계적 공정은 절차적 정의론과 밀접한 관련이 있다. 사람들이 주장하는 정의 구현 방향이 완전히 일치할 수 없다고 보는 회의론자는 정의의 본질을 탐구하거나 서로 논쟁하는 데 시간을 허비하는 대신 다수결이나 사회적 합의를 통해 정의를 구현하자고 주장한다. 이런 맥락에서 공정한 절차를 정립하는 데 집중하는 절차적 정의론이 등장한다. 사람 혹은 집단 간 정의를 바라보는 우리 사회의 다양한 의견이 화해 불가능할 정도로 불일치하니 이를 논할 필요는 없으며, 적어도 절차적 정의 혹은 기계적 공정은 실현 가능하니 이에 집중하자는 논리다.

절차적 정의도 물론 정의를 구성하는 중요한 부분이다. 절차적 정의는 주로 의사결정 과정의 공정성과 연결된다. 관련 연구에 의하면 조직이나 집단에서는 절차 정의가 분배 정의보다 조직 신뢰도에 큰 영향을 미친다. 절차적 정의는 분배 정의가 실현되지 않은 상황에서 분노를 진정시키는 역할을 하는데, 이를 공정 절차효과라고 일컫는다. 공정 절차효과란 분배 정의가 실현되지 않더라도, 즉 내가 정당한 몫을 받지 못하더라도 그 결정을 내린 절차가 공정하다고 인식한다면 부정적 반응이 줄어드는 효과를 의미한다. 형식적이더라도 민주적으로 분배 원칙을 결정하면 자신의 몫이 적더라도 이를 수용한다는 뜻이다. 사측이 일방적으로 임금 인상률을 2%로 결정하면 노동자가 강하게 반발할 것이다. 반면 노동조합이 사측과 교섭을 통해 임금 인상률을 2%로 합의한다면 노동자의 반발이 줄어든다. 공정 절차효과 때문이다. 물론 절차적 정의를 보장해도 자본가와 노동자 간 관계가 불균형한 이상 절대적으로 분배가 불공정할 수 있다. 하지만 절차적 정의조차 없을 때보다는 참을 만할 것이다.

능력주의는 능력에 따른 분배가 불평등하더라도 그것을 정의로 간주한다. 절차적 정의론 역시 절차가 정당하면 이가 초래하는 불평등을 용인한다. 우리 사회가 평등하다면 절차적 정의만으로도 정의에 근접한 결과를 얻을 수 있다. 그러나 그렇지 않으면 절차적 정의는 제한적인 정의 혹은 가짜 정의일 뿐이다.

공정으로서의 정의를 제창했던 철학자 존 롤스는 절차적 정의론자다. 그는 순수한 절차적 정의가 실현된다면 사회 전체가 이에 합의할 수 있을 뿐 아니라 그 결과가 실질적 정의에 가까워질 수 있다고 말했다. 이를 위해 롤스는 원초적 상태의 대표자들이 '무지의 베일' 뒤에서 결정을 내리자고 제안했다.[15] 법이나 계약을 만들 때 개인을 규정하는 계급, 부, 나이, 재능, 인종, 종교, 성별 등의 정보를 무시해야 한다는 뜻이다. 예를 들어 결정권자가 자신이 자본가 혹은 노동자임을 인식한다면 공정하게 분배 원칙을 합의할 수 없다. 이런 인식이 없는 무지 상태에서 합의해야 한다. 롤스가 이렇게까지 비현실적인 제안을 한 이유는 완전한 평등 관계에 기초하지 않는다면 절차적 정의가 진짜 정의로 이어질 수 없다고 보았기 때문이다.

마이클 샌델은 절차적 정의가 보장된다고 해서 자동으로 사회정의가 실현되지 않으며, 사회정의가 실현되어야 절차적 정의도 의미가 있다고 비판했다. 절차적 정의만 옹호하는 의견은 무엇이 정의로운지 결정할 때 불충분할 수 있다는 뜻이다. 같은 맥락에서 법학자 김도균 역시 "'사회적 합의=정의'라는 등식이 성립하려면 '평등'이라는 정의의 요청이 반드시 상당 정도 실현되어 있어야 한다"고 강조했다.[16] 이런 논의는 사회정의를 도외시하는 기계적 공정이 정의론으로서 함량 미달임을 보여준다.

절충적 정의라는 함정

아리스토텔레스는 "정의와 부정의에 대해, 그것들이 어떤 행위에 관련하는 것인지, 정의는 어떤 종류의 중용인지, 또 정의로운 것은 어떤 것들 사이의 중간인지를 탐구해야 할 것이다."라고 말했다.[17] 간단히 말해 정의는 '중용'과 '중간'이라는 뜻이다. 아리스토텔레스처럼 중용을 정의로 간주하는 정의론을 절충적 정의론이라고 부른다. 공동체주의 정의론자로 분류되는 마이클 샌델도 대화와 타협으로 도달하는 정의를 중시한다는 점에서는 절충적 정의론자라고 할 수 있다. 그는 서로 다른 의견을 인정하고 도덕적 논쟁을 수용해야 정의에 도달할 수 있다고 보았다.

정의로운 사회는 공리를 극대화하거나 선택의 자유를 확보한다고 완성되는 것이 아니라 좋은 삶의 의미를 함께 고민하고, 서로 다른 생각을 기꺼이 받아들이는 문화를 가꾸어야 이룰 수 있다는 것이다.[18]

절충적 정의론은 정의의 본질에 접근하는 정의론이기보다 현실을 인정하고 그것에 타협하자는 현실주의 정의론이라고 할 수 있다. 미국처럼 다양한 인종이 모여 사는 다원주의 사회에서는 개인이나 집단에 따라 정의를 바라보는 시각이 다를 수 있다. 설사 어떤 철학자가 정의의 본질을 올바로 밝혀낸다고 하더라도, 모든 사회 구성원이 이에 동의하리라 기대하기 어렵다. 이런 조건에서 부각되는 정의론이 바로 절충적 정의론이다. 그러나 중용을 정의로 간주하든 합의된 의사를 정의로 인정하든 절충적 정의는 참된 정의와는 무관하다. "정의에 관하여 상이하고 대립되는 의견을 가진 사람들 사이에도 심층적 차원에서 공유하는 근본적인 정의 관념과 원칙들이 있다"[19]라는 법학자 김도균의 이 말은 절충적 정의론의 문제점을 잘 지적한다.

절충적 정의론은 집단의 이익이 서로 충돌하는 자본주의 사회, 나아가 개인의 이익이 서로 충돌하는 개인 경쟁사회인 신자유주의 사회에서 실종되기 십상인 정의를 잡아보려는 애처로운 시도다. 그러나 다양한 집단이나 개인이 대화와 토론을 통해 열심히 합의한다고 해서 그것이 최선의 정의라는 보장이 있을까? 불평등한 사회에서 대화와 토론은 공정한 것이 되기 힘들다. 부와 권력을 장악한 기득권 세력이 대화와 토론에 미치는 영향력이 나머지 사람의 영향력을 합친 것보다 클 수도 있기 때문이다. 불평등 사회에서 정의가 무엇인지 결정하는 것은 공정한 대화나 토론이 아니라 그 사회를 지배하는 지배층일 가능성이 높다. 신자유주의 사회에서 집단주의 정의론이 아니라 능력주의가 우위를 차지하는 현실이 이를 보여준다. 절충적 정의론은 진짜 정의론의 허울 좋은 대안에 불과하다.

오늘날 한국은 가짜 정의론이 범람해 진짜 정의가 실종되는 비극이 벌어지고 있다. 과거에는 정의를 경쟁과 연결해 생각하는 일이 극히 드물었다. 90년대 이전까지만 해도 정의는 사회적 부를 어떻게 공정하게 분배할 것인지에 관한 고민이었다. 그러나 신자유주의 사회가 되면서 정의가 아닌 '공정'이 중시되기 시작한다. 공정이 항상 경쟁이라는 단어와 붙어 다니는 기묘한 현상도 발생한다.

공정은 정의의 하위 개념이다. 정의는 주로 사회나 집단 범위를 포괄하는 넓은 개념인 반면 공정은 개인 간 경쟁 규칙을 다루는 협소한 개념이다. 과거 정의론은 모두 힘을 모아 사회정의를 실현하는 것이 목표였다면, 오늘날에는 어떻게 하면 개인이 공정하게 경쟁할 수 있는지 격론을 벌이는 데 그친다. 하지만 개인의 이익이나 행복을 위한 정의는 이미 정의가 아니다. 공정은 정의의 자리를 찬탈한 이기주의일 뿐이다.

기계적 공정과 시험 만능주의

능력주의와 기계적 공정에 대한 지지는 표준화된 시험에 대한 전폭적인 신뢰로 표출된다. 능력은 측정 불가능하다는 주장에 청년들은 시험을 거론하며 반박할 것이다. 표준화된 시험으로 능력을 측정하고 비교할 수 있다는 것이 이들의 논지다. 이는 한국인, 특히 청년 세대가 능력을 대단히 협소한 시각으로 바라본다는 것을 보여준다. 서로 질이 다른 능력을 표준화된 시험으로 측정해 비교하는 것이 불가능하다는 사실은 여전히 변하지 않는다. 축구 선수의 능력과 예술가의 능력을 공정하게 비교할 수 있는 시험은 존재하지 않는다. 사회적 기여도 역시 시험으로 측정할 수 없다.

한국인, 특히 청년 세대가 시험 만능주의에 빠진 것은 진심으로 시험이 믿음직한 도구라고 믿어서가 아니다. 그들 중 취직을 위해 시험을 준비하고 있거나 시험을 통과해 현재 자리를 차지한 사람이 많아서다. 고립적 생존불안에 시달리는 절대다수 청년은 가진 것도 없고,

부모에게 기댈 수도 없다. 집안 배경 등 자신이 바꿀 수 없는 요인으로부터 기인하는 경쟁자 간 불평등을 무마할 수도 없다. 그들이 기댈 곳은 계급장을 떼고 공정하게 싸울 수 있는 기회 그 자체다.

사회적 차원의 불평등은 해결 불가능하다고 보는 청년 세대의 눈에 시험은 불공정의 대척점에 있는 공정, 혹은 정의로 보일 수 있다. 나아가 대부분 한국인에게 시험은 공정과 정의의 상징이자 유일한 현실적 대안으로 여겨질 수 있다. 2018년 비트코인 거래소를 폐쇄한다는 정부 발표 이후 2030세대 커뮤니티에서 "코인 판에서는 아버지가 누구인지 묻지 않는다"라는 말이 유행했다. 이들에게 비트코인 거래소는 불평등한 한국 사회에서 그나마 공정하게 시합할 수 있는 곳이었다. 한국인, 특히 청년 세대가 동등한 지위에서 싸울 수 있는 개인 간 경쟁에 집중한다는 것을 보여주는 일화다. 박원익과 조윤호는 다음과 같이 말했다.

> 그들의 요구는 '최소한 개인의 노력 앞에 공정한 세상'이 되게 해달라는 것이다. 어쩌면 본인들이 '더 노력할 수 있게' 해달라고 요구하는 것이기도 하다.[20]

청년 세대는 부가 세습된다는 것을 너무나도 잘 안다. 하지만 부가 세습되는 한국 사회를 개혁하기란 불가능하다고 본다. 사회정의를 포기하면 비트코인 시장에라도 매달릴 수밖에 없다. 한국인이 기계적 공정과 시험을 맹목적으로 지지하는 경향은 사회적 불평등을 용인할 테니 제발 개인 간 경쟁만이라도 공정하게 진행하라는 처절한 호소에 가깝다.

5장

가짜 정의 3:
페미니즘이 문제라는 착각

페미니즘이
분노를 만났을 때

문재인 정부 이후 청년 세대 사이 남녀 갈등이 사회적 문제가 될 만큼 주목을 받았다. 리얼미터에서 실시한 〈2018년 공동체 회복 관련 여론조사〉에서 '가장 심각한 한국 사회의 갈등이 무엇인가'라는 질문에 대해 20대 56.5%가 남녀 갈등을 꼽았다. 이 조사에서 남녀 갈등은 그동안 한국 사회에서 전통적으로 문제시되었던 빈부 갈등(22.2%), 이념 갈등(9.3%), 세대 갈등(1.6%) 등을 뛰어넘어 단숨에 1위를 차지했다.[21]

처음 한국 사회에 페미니즘 운동이 본격화되었을 때 남성 청년은 대체로 우호적인 태도를 보였다. 반면 오늘날 남성 청년은 성차별도, 페미니즘도 반대하는 모습이다. 페미니즘을 성차별에 반대하는 운동이 아니라 남성혐오 운동으로 인식하기 때문이다. 앞의 리얼미터 조사에 의하면 '페미니즘 운동에 반대한다'는 문항에 20대와 30대 남성은 각각 75.9%와 66.1%의 비율로 찬성했다. 20대와 30대 여성들 찬성 비율은 각각 64.0%와 44.0%였다. 페미니즘을 반대한다고 응답한 20대 남성은 이유로 '일방적인 남성혐오'(78.1%)를 1순위로 꼽았다. 30대 남성 47.6%가 같은 이유를 들었다. 20대 여성의 39.2%, 30대 여성의 47.2%도 마찬가지다. 이는 많은 청년이 페미니즘을 남녀평등 운동이 아닌 남성혐오 운동으로 인식한다는 것을 보여준다.

문제는 가부장제가 아니다

상당수 페미니스트는 남녀 간 불평등이 발생하는 원인을 가부장제나 남아선호 사상에서 찾는다. 그러나 진정한 원인은 가부장제나 남아선호 사상이 아니다. 남녀차별의 궁극적 원인은 가족 단위로 생존 문제를 해결해야만 하는 사회제도다.

생산력이 낮은 조건에서 가족 단위로 생존 문제를 해결하려면 통상적으로 노동력이 보장되는 남성에게 자원을 몰아주고 나머지 가족이 그에게 의존하는 관계가 형성되기 쉽다. 이런 현상은 자본주의 사회에서 더욱 일반화되었다. 농촌공동체가 해체된 뒤 도시에서 고립된 가족 단위로 생활하며 생존 문제를 해결하는 이들이 늘었기 때문이다. 《소모되는 남자》의 저자인 미국 플로리다 주립대학의 로이 F. 바우마이스터 교수는 남아선호 사상이 대가족제도와 지역 연고가 해체되고 가계 단위별로 생존의 책임을 떠안아야 하는 상황의 산물이라 말했다.[22] 박원익과 조윤호도 다음과 같이 말했다.

> 사회적 관계망에서 단절된 핵가족이 홀로 자립할 것을 요구받으면 장시간의 위험한 노동을 견뎌낼 것으로 기대되는 남성에게 경제적 부양의무가 전가되고, 반대급부로 여성에게는 가정 내 재생산 역할이 일종의 사회적 규범으로 요구된다.[23]

가족 단위로 생존 문제를 해결해야 하는 사회제도가 존속하는 한 가부장제나 남아선호 사상은 사라지기 쉽지 않다. 여러 조사에 따르면 한국의 청년 세대는 남녀를 불문하고 사실 가부장제에 가장 강하게 반대하는 세대다. 동시에 결혼하면 '남성은 부양의무자'가 되어야 하고 '여성은 생계보조자'가 되어야 한다는 고정관념을 남녀 불문 여전히 지닌 세대이기도 하다. 즉 청년 세대는 모두 가부장적 역할분담을 싫어하고 반대하지만, 남성이 생계를 책임져야만 한다는 전통적 관념에서 벗어나지 못하고 있다는 것이다.

이는 남녀 불평등 문제를 근본적으로 해결하려면 가부장제를 없애자는 캠페인이 아니라 고립된 가족 단위로 생존하기를 강요하는 사회의 구조적 개혁이 필요함을 의미한다. 국가가 국민의 생존 문제를 보장하는 제도를 정비한다면 남녀평등 문제는 상당히 개선될 것이다. 물론 그렇게 된다고 하더라도 오랜 세월에 걸쳐 형성된 성차별이 완전히 사라지지는 않을 것이다. 그러나 남성이 가계를 책임지고 여성이 남성에게 생존을 의존해야만 하는 사회제도 아래서는 남녀평등이 요원하다는 사실도 분명하다.

남녀차별은 여성을 포함한 모든 사람에게 불평등을 강요하는 사회, 이를 뒷받침하는 극소수 기득권 때문에 굳건한 것이다. 과거 일본이 한국을 식민지로 점령해 우리 민족을 상대로 폭력을 행사한 이유는 일본인 일반이 악해서가 아니다. 일본이 식민지 침략을 본성으로 하는 제국주의 국가였기 때문이다. 마찬가지로 남녀평등이 실현되지 못한 이유는 남성 일반이 악하기 때문이 아니다. 한국 사회가 불평등을 강요하는 병든 사회이기 때문이다.

분노가 아닌 사랑

사회운동은 인간애와 자기 긍정에 기초해야 한다. 페미니즘 역시 마찬가지다. 인간애에 기초하지 않는 페미니즘이라면 여성의 이익만을 추구하는 이기적 운동으로 변질될 위험이 있다. 한 소수자의 완전한 해방은 그 당사자만의 힘만으로 달성할 수 없다. 다른 모든 사회운동도 그렇다. 여성이 차별로부터 해방되기 위해서는 그를 지지하는 모든 사람, 나아가 인류와 연대해야 한다. 그러나 인간애에 기초하지 않는 페미니즘은 연대를 불가능하게 만든다. 사회적 고립을 자초한다. 그것이 무엇이든 인간애에 기초하지 않는 사회운동은 실패할 가능성이 높다. 페미니즘이 남녀 차이를 인정하지 않는다거나 남성을 적으로 본다는 오해 속에서, 2030 남성이 페미니즘을 여성해방운동이 아니라 여성이기주의 운동으로 여기게 된 것만 봐도 알 수 있다.[24]

페미니즘의 궁극적 목표는 여성해방만이 아니라 모든 인간의 해방이다. 따라서 페미니스트 역시 단지 여성의 자유와 권리만을 주장하는 데에서 그치지 않고 모든 인간의 자유와 권리를 옹호하며 그들의 투쟁에 연대해야 한다. 노동자의 투쟁, 농민의 투쟁, 식민지 피압박 민족의 투쟁 등 다양한 투쟁을 지지하며 그에 연대해야 페미니즘의 궁극적 목표에 도달할 수 있다. 일제강점기 대다수 페미니스트가 독립운동에 참여한 이유도 이 때문이다.

남성 청년은
왜 페미니즘에 격하게 반발하나

오늘날 남성 청년은 왜 페미니즘에 과하다 싶게 반발할까? 먹고사는 문제와 관련해 큰 걱정이 없고 무난하게 생활할 수 있는 사회라면 이 정도로 과도한 반응을 보이지 않았을지 모른다. 그러나 남성 청년은 본인이 여성 우위인 세상에서 자랐다고 생각한다. 성장 후에는 극단적인 고립적 생존불안과 존중불안을 겪고 있다. 게다가 대다수가 연애와 결혼이 불가능하다는 좌절감에 시달리고 있다. 이 문제를 짚어 보지 않을 수 없다.

남성 2030세대는 본인이 여성 우위 사회를 경험하면서 성장했다고 생각한다. 예전 가부장 문화가 심했던 시대의 남성은 스스로 인정할 만큼 남녀 불평등을 직간접적으로 체험하며 성장했다. 어머니가 식모 취급을 받고 오빠를 대학 보내기 위해 여동생이 공장에 다니는 일이 허다한 상황에서, 기성 세대는 한국의 남녀차별 문제가 심각하다는 데 기꺼이 동의하는 경향이 있었다. 하지만 가부장제가 약화한 핵가족 시대에 태어난 오늘날 남성 청년은 누나나 여동생이 없거나, 있어도 특별히 차별을 느끼지 못하고 자랐다. 어머니가 실질적으로 가족 문제의 결정권을 쥔 경우도 많이 보면서, 오히려 모계사회에 가깝다고 느꼈을 법도 하다.

남성 우위 사회라고요?

한국에서는 아버지가 밖에 나가 돈을 벌어오고 어머니가 자식의 양육을 책임지는 역할 분담이 흔하다. 이때 아버지의 존재가치가 돈을 벌어오는 쪽이라면 어머니의 존재가치는 자식이 공부를 잘하도록 만드는 데 있다. 어머니가 자식들에게 공부를 강요하는 악역을 떠맡는 것을 의미한다. 남성 청년이 세상에 태어나 처음으로 관계를 맺는 대상이 어머니인데, 그 어머니는 공부를 강요하며 자신을 못살게 군다. 한국에서 아들은 훗날 성장해서 돈을 잘 벌어 결혼도 하고 가족도 부양하고 치열한 서열경쟁에서 승리해야 하는데, 그러려면 반드시 공부를 잘해야만 하기 때문이다.

남성 청년은 초등학교에 가서도 여성 우위 사회라고 느낀다. 우선 초등학교 선생님의 절대다수가 여성이다. 청소년기까지 여성이 남성보다 지적·사회적·육체적 발달 속도가 더 빠르니, 남자아이보다 여자아이가 키도 더 크고 힘도 더 세다. 말도 더 잘하고 공부도 더 잘하기까지 한다. 물론 과거에도 남녀 간의 발달 격차는 있었다. 하지만 과거에는 학생 간 관계가 양호했고 공동체 문화가 강했기 때문에 그것이 문제가 되지 않았다.

초등학교는 마치 거울처럼 사회를 정직하게 반영한다. 2000년대부터 초등학교 공동체는 붕괴했고, 학생 사이 관계가 빠르게 악화하기 시작했다. 인간관계가 악화하면 사회적 약자가 가장 크게 피해받듯, 초등학생들 사이 인간관계가 악화하면 여학생보다 발달 속도가 더딘 남학생이 더 크게 피해받게 된다. 결과적으로 초등학교 시절 동안 남성은 여성에게 상대적으로 눌려 산다고 느낀다. 인간 심리의 골격이 완성되는 중요한 시기인 아동기를 이렇게 보내니, 남성 청년은 자연스럽게 세상이 여성 우위 사회라고 생각하게 된다. 이들이 여성에게 열등의식과 반감을 느끼며, 자신감이 부족한 심리를 가진 채 성장하는 건 자연스러운 일이다.

이러한 경험은 중고등학교 시절까지 이어진다. 청소년기에 들어서도 여성이 남성보다 지적으로나 사회적으로 발달이 빠른 편이다 보니, 남성 청년은 여학생들이 말도 더 잘하고 공부도 더 잘하는 여성 우위 사회가 지속된다고 느끼는 것이다. 물론 이 시기부터 여성은 육체적으로 남성의 상대가 되지 못한다. 그러나 청소년기 인간관계는 주먹에 의해 좌우되지 않는다. 성장 과정으로 인해 상당수 남성 청년은 여성을 어려워하거나 두려워하며, 심지어 미워한다. 이들은 한국 사회의 남녀차별이 심각하다는 말을 들으면 고개를 갸우뚱거리면서 그것을 받아들이기 힘들어한다. 남성 청년이 여성 청년을 차별하고 있다고 말하면 폭발하기 일쑤다. 그들이 성장하면서 경험했던 한국 사회는 전혀 그렇지 않았기 때문이다.

게다가 오늘날 남성 청년은 법적으로 성평등이 공식화되고 남녀의 고정된 성 역할이 해체되는 시대에서 성장했다. 1991년 가족법이 개정되어 이혼 시 여성도 재산분할청구권을 보장받을 수 있게 되었고, 2005년에는 호주제가 헌법불합치 판결을 받고 폐지되었다. 이로써 결혼제도와 재산 문제에서 남성 가장이 제도적으로 특권을 보장받던 시대가 끝났다.[25] 2019년 1월 《중앙일보》가 인터뷰한 청년들은 "20대 남성이 언제 가부장제 혜택을 보고 그런 제도를 답습하며 여성을 억압했나. 학교 안에서 우리는 그런 권력을 누린 적이 없다"고 항변하면서 "20대는 남녀구분 없이 약자지만 우린 '남자니까' 기득권 취급을 받는다"고 억울함을 호소했다.[26]

한국 사회에서 남성 청년은 여성 청년과 마찬가지로 서열이 낮다. 여성에 대해 두려움이나 열등감을 더 많이 느끼며 성장한 이들에게 "너희는 남성이니까 약자가 아니고 혼이 나야 하는 기득권 집단이야"라고 말한다면 어떨까? 억울하고 분한 마음이 들지 않을까? 나아가 이 논리가 남성을 역차별하는 불공정이자 부정의라고 느낄지도 모른다. 남성 청년의 페미니즘에 대한 반감이 결국 정의 문제와 깊은 관련이 있다는 의미다.

객관적으로 볼 때 한국은 여성 차별, 특히 남녀 임금 격차가 심한 사회가 맞다. 2013년에 OECD가 발간한 〈성별 격차 줄이기〉 보고서에 의하면 한국의 성별 임금 격차는 세계 최고 수준이다. 그러나 20대 중후반(25~29세)의 경우 한국의 성별 임금 격차는 조사 대상 18개국 중 캐나다나 핀란드를 비롯한 주요 선진국보다 낮다. 청년 세대로 한정한다면 남녀 임금 격차가 그리 크지 않은 셈이다. 이 때문에 폭넓은 사회의식을 지니지 못한 남성 청년은 여성이 차별당한다는 말을 믿지 않는다. 오히려 남성이 군대에 다녀오는 동안 입사 동기였던 여성이 진급하여 상사가 되었다는 정보에만 주목해 남성이 차별당한다고 주장하기도 한다.

한국에서 남녀 간의 임금 격차가 본격적으로 벌어지는 것은 여성들이 결혼과 출산으로 경력단절을 경험한 뒤부터다. 위의 보고서에 따르면 40~44세, 55~59세 집단의 성별 임금 격차는 한국이 세계 1위다.[27] 청년들도 나이가 들어갈수록 페미니즘에 덜 분노하는데, 이는 그들이 사회생활을 지속해 나가며 여성 차별의 실상을 체험하기 때문이다.

이렇듯 남성 청년은 유년기부터 사회에 진출하는 초년기까지, 생존을 위한 치열한 개인 간 경쟁에서 남성이라고 해서 여성보다 특별 대우를 받는 것이 없다고 느낀다. 심지어 경쟁에 불리한 군 복무까지 하는데도 남성을 기득권자나 가해자 취급하는 것은 불공정하고 부정의하다고 생각하기에 페미니즘에 격렬하게 반대하는 셈이다.

자본주의, 사랑에 침투하다

남성 청년은 연애나 결혼 불안도 심하다. 한국 사회에서는 여성이 남성을 돈으로 보고 남성은 여성을 트로피로 본다는 말이 통용된다. 남성 청년은 여성이 남성의 가치를 돈으로 평가해 가난하면 쳐다도 보시 않는 현실에 절망한다. 돈이 없으면 여성의 눈길조차 받을 수 없는 현실, 여성에게 명함조차 내밀 수 없는 현실로 인해 남성 청년 상당수가 연애와 결혼을 포기한 채 살아간다.

부유한 청년 세대는 혼인율이 높다. 서열이 높은 소수의 청년은 남녀 갈등의 여파에서 벗어난다. 돈이 있는 이들은 자유롭게 연애하고 결혼할 수 있기 때문이다. 반면 서열이 낮은 청년 세대는 여러 이유로 좌절을 겪는다. 가난한 남성은 가계를 부양할 수 있는 경제력이 부족해 연애나 결혼을 포기한다. 낮은 임금을 받으며 불안정한 일자리 때문에 어려움을 겪는 가난한 여성은 경력단절이 걱정되거나 그 손해를 벌충할 만큼 경제력을 갖춘 부양자가 없어서 사랑을 포기한다.

남녀 갈등은 서열이 높은 부유한 청년의 문제가 아니라 가난한 청년 다수의 문제다. 이는 청년 세대가 생존을 위해 개인 간 경쟁 사회에서 살고 있다는 사실과 한국 사회 남녀 갈등이 연결되어 있음을 강하게 시사한다.

문재인 정부 시기를 지나온 청년 세대는 남녀를 불문하고 개혁이 실패했다는 데 실망하면서 개인주의적 정의인 공정에 집착하기 시작했다. 그런데 페미니즘의 영향력이 커지면서 유력 정치인들까지 페미니스트를 자처하자, 남성 청년은 민주당을 페미니즘 정당으로 간주하게 되었다. 이때 이준석 같은 정치인이 등장해 페미니즘을 공격하자 그에게 열광하며 극우보수 정치세력 쪽으로 급선회하기 시작했다. 민주개혁 진영을 싫어하게 된 남성 청년은 극우 유튜브를 통해 편향된 정보만 받아들이기 시작했고, 이는 이들의 보수화를 더욱 촉진했다. 그 결과 오늘날 남성 청년 대다수는 신자유주의 이념이나 이론에 물들게 되었다.

개인주의가 강한 한국 청년 세대는 원래 남녀 구분 없이 친자본주의적 이념에 익숙하며 그에 쉽게 동조한다. 개인주의는 자본주의의 원리이자 그 기초에 놓인 이념이다. 개인주의 성향이 강할수록 자본주의나 보수주의 이념에 공감할 가능성이 크다. 사회조사기관 에스티아이가 2021년 9월 전국의 20대 520명을 대상으로 실시한 설문조사 결과에 의하면 능력주의에 대해 응답자 43.8%가 긍정적, 18.9%가 부정적인 느낌을 갖는다고 답변했다.[28]

청년 세대는 또한 대표적인 개인주의 행복론인 쾌락주의 행복론을 신봉한다.[29] 청년들 사이에서 유행하는 '소확행(소소하지만 확실한 행복)'이나 '욜로(You Only Live Once)' 같은 단어는 개인의 쾌락을 가장 중시하는 전형적인 개인주의 행복론을 의미한다. 하지만 이는 행복한 사회 건설이나 사회 개혁을 포기한 조건에서 개인이 선택한 가짜 행복이다. 북유럽 같은 사회를 꿈꾸는 것은 언감생심이니 식사 후

맛난 커피처럼 소소하지만 확실한 쾌락이나 누리며 살겠다는 의미다. 한국 청년 세대 사이에는 순간의 쾌락을 추구하는 소비주의적 생활 풍조가 퍼져 있다. 가족, 특히 자식의 행복과 미래를 위해 헌신하기보다 나 하나 잘 먹고 살겠다는 개인주의가 만연하다. 사회적으로 고립된 개인은 자식을 낳을 의향이 없다. 사랑할 자식이 없다면 그는 미래 세대를 위해 현재를 인내하는 내신 현재의 나를 위한 쾌락을 중시하게 된다. 그만큼 청년 세대의 미래가 불확실하기 때문이다.

여성들이 탄핵 시위에
더 많이 참여한 이유

2024~2025년 탄핵 시위에는 청년 세대가 많이 참여했다. 그중 젊은 여성의 참여는 압도적이었다. 수많은 여성 청년은 왜 거리로 쏟아져 나왔을까? 그들은 왜 진보개혁 정치성향을 보일까?

남성 청년의 최대 불만이 여성이 남성을 돈으로 본다는 점이라면, 여성 청년의 최대 불만은 남성이 여성을 트로피로 본다는 점이다. 사회는 여성의 외모에 집착한다. 신자유주의가 본격화되면서 연애나 결혼은 남성의 돈이나 사회적 지위를 여성의 외모와 교환하는 거래로 전락했다. 이는 여성이 인품이나 정신이 아닌 성적 매력을 기준으로 평가된다는 의미다. 자본주의 사회는 필연적으로 여성을 성적 상품이나 대상물로 여기는 풍조가 만연하다. 인간을 포함한 모든 걸 상품화하기 때문이다. 상품이 되어서는 안 되는 것까지 말이다.

인간이라고 해서 예외일 리 없다. 초기 자본주의는 주로 노동력을 상품화했다. 자본주의가 발전하며 인간의 노동력뿐 아니라 지식, 재능, 외모까지 모두 상품화되었다. 인간 자체가 상품이 된 셈이다. 이 과정에서 성, 특히 여성의 성 역시 상품의 범주에 들어가며 자연스럽게 여성이 성적 상품 취급당하게 되었다. 여성의 외모나 성을 사고팔 수 있다고 여기게 된 것이다. 이가 극단화되면 여성은 단지 성적 상품에 불과하니 여성을 마음대로 만지거나 훔칠 수도 있다는 인식까지 나아간다. 자본주의 사회에서 성희롱, 성추행, 성폭력 등 여성을 상대로 한 성범죄가 급증하는 것은 이 때문이다.

한국의 여성 청년은 극심한 외모 스트레스에 시달린다. 외모가 뛰어나지 않으면 사회적 저평가를 면할 수 없어 실질적, 정신적으로 피해를 볼 수 있기 때문이다. 성희롱, 성추행, 성폭력이 두려워 마음을 졸이기도 한다. 여성 청년 상당수가 성희롱이나 성추행 같은 성범죄를 당한 경험이 있다. 여성을 성적 상품으로 취급하는 풍조가 만연하니, 남학생이 같은 과 여학생을 성추행하거나 SNS에 여학생의 사진을 올려놓고 성적 매력의 점수를 매기는 일까지 버젓이 벌어진다. N번방 사건 등 우리 사회 성범죄가 가시화되며 이에 치를 떨던 여성 청년은 페미니즘 운동에 적극 동조했다. 미투 운동에도 열광적인 지지를 보냈다. 여성 청년은 여성을 성적 상품으로 소비하는 한국 사회에도 분노했던 셈이다. 젊은 여성이 보기에, 여성을 차별하거나 성적 상품 취급하는 행태는 부정의하다. 젊은 여성들이 적극적으로 사회 운동에 참여하는 성향 역시 정의와 밀접하게 관련 있다는 뜻이다.

여성에 대한 성적 상품화를 반대하는 심리는 정당하다. 하지만 여성을 성적으로 상품화하는 남성을 비판하는 것만으로 이 문제를 해결할 수 없다. 여성 성적 상품화는 궁극적으로 인간을 상품화하는 자본주의 때문에 일반화됐기 때문이다. 남성의 비뚤어진 성 인식과 성적 감수성은 자본주의에 기인한다. 돈을 숭배하는 자본주의 사회에서 성의 상품화를 포함해 모든 인간 상품화는 필연적이다. 따라서 여성에 대한 성적 상품화를 근절하기 위해서는 궁극적으로 인간을 상품화하는 자본주의 사회를 더 인간적인 사회로 개혁해야 한다.

여성 청년도 남성 청년과 마찬가지로 개인 간 생존경쟁과 서열경쟁에 시달린다. 여성 청년은 여기에 더해 늘 외모를 평가당하고 성적 상품 취급 받는다. 모욕과 고통은 배가 된다. 심지어는 밤 늦게 마음 편하게 길을 걸을 수도 없고, 사람 없는 곳을 방문하면 마음을 졸여야만 한다. 이는 한국 사회 여성 청년이 이중, 삼중의 고통에 짓눌리고 시달리고 있다는 것을 의미한다. 과거와 달리, 오늘날의 여성 청년은 충분히 교육받아 의식 수준이 높다. 사회적 약자로 살아야만 하는 부정의한 현실에 억울함을 느끼는 것이 당연하다. 여성 청년들이 탄핵 시위에 열정적으로 참여한 이유는 그들이 의식과 능력의 수준에 비해 푸대접받으며 살아가는 사회적 약자인 탓이다.

억압된 감정과 소통의 문제

남성 청년은 장차 가계를 책임져야 한다는 의식이 강한 만큼 치열한 개인 간 경쟁에서 반드시 이겨야만 한다는 강박도 심하다. 이에 청소년기부터 다른 남성을 서열경쟁 속 경쟁자 혹은 적으로 여기고, 남성 간 관계는 서열 관계나 피상적인 관계로 귀결된다. 사회생활에서 만나는 다른 남성과도 사회적 지위를 떠나 친밀한 관계를 맺거나 소통하는 데 취약한 셈이다. 게다가 한국의 부모는 아들의 감정 표현에 덜 반응하거나 아예 표현을 억제하려는 경우가 많다. 아들이 크게 울면 "남자가 질질 짜고 그러냐?"라고 타박하는 경우가 그 예다. 이런 성장 환경에서는 제대로 된 표현력과 소통력을 기를 수 없다.

그 결과 전체 경향성을 봤을 때 여성 청년은 남성 청년보다 감정을 표현하고 의견을 나누는 데 우수한 모습을 보인다. 여성 청년이 남성 청년보다 감정 표현과 소통에 능하다는 사실은 집단화 능력이 뛰어나다는 평가와도 이어진다. 온라인 커뮤니티나 SNS에서 청년들이 서로 소통하는 모습을 들여다보면, 여성 청년이 남성 청년보다 더 깊고 친밀하게 소통한다는 것을 쉽게 알 수 있다.

여성 청년은 집단 수준에서 의견을 형성하는 속도도 빠르고, 집단 행동으로 이어지는 추진력도 좋다. 청소년기 경험했던 팬덤 문화로 집단행동에도 익숙하다. 여성 청년들은 탄핵 시위에 응원봉 문화를 정착시켰다. 과거 집단화 경험의 영향이 여실히 보이는 예다. 반면 남성 청년은 게임을 통한 온라인상에서의 집단화 경험 외에는 이렇다 할 집단화 경험이 없다. 게임을 통한 집단화는 온라인상에서만 이루어지므로 여성 청년의 실제적 집단화 경험에는 미치지 못한다.

남성 청년은 여성 청년보다 SNS 커뮤니티 참여도가 낮고, 온라인상에서 정보를 교환할 뿐 정서적 소통은 거의 하지 않는다. 남성 청년의 실제적 집단화 경험의 대표적 예는 군대다. 그러나 훈련소 시절을 지나면 군대의 집단은 계급 체계와 권위주의, 상명하복의 원칙을 따르기 때문에 공동체로서 의미가 적다. 군대는 오히려 남성 청년에게 복종심, 무력감, 각자도생 정신, 서열 욕망을 강화해 개인화를 촉진한다.

여성 청년은 숱한 사회적 변화를 경험했고 때로는 그것에 적극 관여하면서 정치세력으로 성장했다. 이명박 정권 시기 광우병 소고기 수입을 반대하는 촛불시위에는 평범한 가정주부들의 인터넷 커뮤니티가 큰 영향을 미쳤다. 그때 공동체를 이뤄 촛불시위에 참여했던 젊은 엄마들은 오늘날 중년이 되어 2024~2025년 탄핵 시위에도 모습을 나타냈다.

오늘날 여성 청년은 사회 개혁을 추진하는 중요 사회집단 중 하나며, 앞으로도 그런 역할을 하게 될 가능성이 높다. 여성 청년은 그들이 광장에서 실제로 차지하는 지위를 강화하기 위해 속히 정치세력화되어야 한다. 물론 정치세력화는 청년 세대 모두의 과제다. 여성 청년은 한국 사회의 개혁을 선두에서 이끌어갈 수 있는 능력과 의지를 가진 사회집단이다. 궁극적으로는 청년 세대 모두가 정치세력화 되어야 하겠지만, 누군가가 그 흐름을 이끌어야 한다면 현재로서 그는 여성 청년 집단일 가능성이 높다. 그들이 개인주의적 공정에 매몰될 위험이 있는 현재 청년 세대의 정의를 공동체 수준의 사회정의로 확장해 주길 기대한다.

6장

가짜 정의 4:
내가 곧 정의라는 착각

정상성 신화,
배제와 혐오의 그늘

 기계적 공정에서 다루었듯 적지 않은 한국인이 소수자나 사회적 약자를 배제하며 심지어 혐오하기까지 한다. 어떤 이는 이를 공리주의 정의론과 연결해 설명하기도 한다. 즉 최대 다수의 최대 쾌락 혹은 최대 다수의 최대 행복을 정의로 본다면 사회적 효용을 위해서 소수의 희생을 감수해야 한다는 주장이다. 소수를 희생시킴으로써 최대 다수의 최대 행복을 실현할 수만 있다면 그렇게 하는 것이 정의라는 논리다.
 담배를 판매하던 담배회사 필립 모리스는 체코 정부가 담배 규제를 강화하려 들자, 담배가 체코 사회 전체의 이익을 증대할 것이라 주장했다. 담배가 많이 판매되면 국가의 조세 수입이 대폭 증가할 것이고, 흡연으로 노년층이 줄어들 테니 이들을 위한 각종 예산도 절감할 수 있다는 게 이들의 논리다. 당연히 이 논리는 뭇매를 맞았다.[30]

필립 모리스 사례는 공리주의 정의론의 문제점을 잘 보여주는 대표적인 예로 꼽힌다. 공리주의 정의론은 인간 존엄성을 중시했던 칸트주의자를 비롯한 이들에게 비판받았다. 공리주의 정의론이 과연 소수를 배제하는 정의론이 맞는지는 논쟁의 여지가 있다. 하지만 이와 별개로, 공리주의 정의론이 직접적으로 소수자 배제나 혐오를 유발한다고 볼 수는 없다. 극단적인 상황에서 소수를 차별하거나 배제할 가능성이 있다는 정도가 적당한 비판일 것이다.

소수자나 사회적 약자에 대한 배제와 혐오는 결국 불평등한 사회가 초래하는 결과 중 하나다. 한국에서 차별금지법을 둘러싼 논란 또한 한국 사회에서 불평등으로 인한 분열과 갈등이 심각한 수준임을 잘 보여준다. 특히 이는 소수자나 사회적 약자에 대한 보호를 역차별로 받아들이는 사람이 존재하는 현실과도 관련이 있다. 이들은 자신이 소수자나 사회적 약자가 아니라 다수집단, 정상집단에 소속되어 있다고 굳게 믿는다. 이때 타인, 특히 소수자나 사회적 약자와 공존하려 하지 않는 행동은 사실 집단으로부터 배제당하는 것을 두려워하는 심리의 표현이다.

심리학 연구에 의하면 사람은 내집단과 외집단을 구분하고 그둘에게 각자 다른 태도를 보인다. 내집단은 우호적으로 대하지만 외집단은 경계하거나 적대시한다. 그러나 이런 경향은 특히 정신건강 수준이 낮거나 불평등이 심한 사회에서 강하게 나타난다. 정신건강 수준이 우수한 사회, 그리고 모두가 평등한 사회는 소수자나 사회적 약자를 포용하고 배려하는 공존의 심리를 공유한다. 과거 나치 독일이 소수자인 유대인을 박해한 것은 당시 독일인이 제1차 세계대전에서 패배해 겪은 불안 심리의 결과이기도 하다. 오늘날 신자유주의 국가에서 이민자 혐오가 급증하고 있는 것 역시 마찬가지다. 자본주의의 모순으로 불평등이 발생하고, 국민 대다수의 삶이 위태로워졌기 때문에 나타나는 현상인 셈이다.

불평등한 사회에서 기득권을 가진 이들은 국민의 불만이 자신들을 향하지 못하도록 분열과 갈등의 정치, 희생양을 만드는 정치에 매달린다. 나치 독일은 국민의 불만이 독점자본가계급으로 향하지 못하도록 유대인을 희생양으로 삼았다. 오늘날 신자유주의 국가의 지배층은 이민자를 비롯한 소수자와 사회적 약자를 희생양으로 만드는 중이다. 오늘날 한국 기득권층 역시 국민의 분노가 자신을 향하지 않도록 소수자와 사회적 약자에 대한 혐오를 부추기고 있다.

이런 분위기가 확산하면 다수집단, 정상집단 혹은 내집단에서 내쳐지는 데 대한 공포도 비례해 커진다. 오늘날 한국인은 정상집단에 편입되기 위해 '정상성 신화'에 매달리고, 자신이 편입하지 못할까 불안해한다. 집단에서 내쳐지면 어떤 일을 당하게 될지 잘 알고 있어 이를 대단히 두려워하기 때문이다. 이렇게 형성된 불안은 정상집단 바깥의 사람들에 대한 거친 배제와 혐오로 표현된다.

고등학교 교실을 지배하는 일진 무리가 특정 아파트에 사는 아이들을 괴롭힌다고 가정하자. 처음 학생 다수는 일진들을 못마땅하게 여기며 싫어할 것이다. 그러나 괴롭히는 정도가 심해지고, "내 편이 아니면 적이다"라며 그 아이들을 도우려는 학생들까지 괴롭힌다면 어떻게 될까? 학생 다수는 마음이 변해 그들로부터 배제당하지 않기 위해 안간힘을 쓸 것이다. 일진 무리로 대표되는 정상집단으로부터 배제당하는 순간 어떤 일을 당할지 너무나 잘 알기 때문이다. 이와 동시에 교실이 소란스러운 원인을 일진이 아닌 특정 아파트에 사는 아이들의 잘못으로 돌릴 것이다. '너희들만 아니었다면 내가 이런 불안에 시달리지 않았을 테고, 우리 교실도 평화로웠을 텐데. 이게 다 너희들 때문이야!' 합리화를 시도하는 셈이다.

배신과 고립의 공포 유전자

한국 사회를 잠식한 소수자와 사회적 약자 혐오에는 사상의 자유를 부정하는 국가보안법도 큰 영향을 미친다. 사상의 자유를 부정하는 행위는 자기와 생각이 다른 사람, 자신이 싫어하는 사상을 가진 사람과는 공존하지 않겠다는 비정상적 심리를 전제로 한다. 그런 사람을 배제하다가 기회가 오면 그들을 추방하겠다는 광적인 심리로 연결되기도 한다. 윤석열 일당이 비상계엄을 선포한 이유 역시 이와 같다. 자신에게 반대하는 정치세력이나 국민을 반국가 세력으로 낙인찍고 일거에 '척결'하려고 했던 셈이다.

한국인은 자신과 생각이 다른 사람, 자신이 싫어하는 주장을 하는 사람과 공존하기보다 그들을 빨갱이나 종북으로 몰아붙이는 일에 더 익숙하다. 반대하는 세력이 있다면 국가보안법으로 감옥에 보낼 수 있는데, 어렵사리 타협을 시도할 이유가 없었기 때문이다. 국가보안법의 표현을 빌자면 '반국가단체인 북한을 이롭게 하는 사상을 신봉하거나 지지하는 사람'과는 절대 공존할 수 없다. 사상의 자유를 금지하며 70년 넘게 대한민국을 지배해 온 국가보안법으로 인해 한국인은 생각이 다른 타인과 공존하기보다는 배제하고 혐오하는 문화에 익숙해졌다. 이런 비정상적 풍토는 소수자나 사회적 약자에 대한 배제와 혐오가 쑥쑥 자라나게 하는 밑거름 역할을 하고 있다.

한국인이 다수집단, 혹은 정상집단에서 배제당하거나 추방당하는 일을 과도하게 두려워하는 이유는 그들이 고립된 삶을 살기 때문이기도 하다. 소속감을 느끼는 집단이 있다면 정상집단에서 배제당하는 일이 크게 두렵지 않다. 예를 들어 일제강점기 시절 독립운동 조직에 소속되어 있던 독립운동가들은 자신이 소속한 조직에서 배신자로 몰려 추방당하는 것을 대단히 수치스럽게 여겼다. 하지만 일제 총독부에 범죄자로 낙인찍히거나 친일 분위기가 강한 식민지 한국 주류사회에서 배제당하는 것에는 거의 신경 쓰지 않았다. 이는 소속집단이 있다면 정상집단에서 배제당하는 두려움에 면역력을 가질 수 있다는 것을 잘 보여준다.

고립된 개인은 소속된 집단이 없기에 막연하게 대중으로 구성된

다수집단에라도 소속되기를 바라고, 집단에서 배제당하는 일을 매우 두려워한다. 그렇기에 이들은 사회적 유행에 민감하며 주류에 포함되기 위해 안간힘을 쓴다. 주류집단에 소속감을 느끼는 것을 넘어서서 자신을 주류집단과 동일시하는 경향도 있기에, 주류집단이 혐오하는 이들을 따라 혐오하기도 한다.

정상적인 사람은 자신이 싫어하는 사상을 가진 타인과도 공존하려 한다. 그들도 존엄한 인간이며 한국의 국민이니 그들과 함께 살아가야 한다고 믿는다. 공존의 태도는 타인의 사상에 개방적인 마음을 넘어 소수자나 사회적 약자를 포용하는 분위기로 이어진다. 반면 타인의 생각을 배척하는 태도는 결국 소수자나 사회적 약자를 혐오하는 결과로 이어진다. 그 원인이 무엇이든 소수자와 사회적 약자를 인정하지 않는 것, 그들과의 공존을 거부하는 것은 부정의다. 이는 인간 존엄성을 짓밟는 잔인한 인간 학대 행위이기 때문이다.

정치적 올바름,
목적과 수단의 전도

오늘날 상당한 영향력을 발휘하는 유사 정의론 중 하나로 PC주의(Political Correctness, 직역하면 '정치적 올바름')가 있다. 위키백과가 '정치적 관점에서 차별과 편견을 없애는 일이 올바르다는 의미로 다민족국가인 미국 등에서 사용하기 시작한 용어'라고 정의하는 PC주의는 정의론이라고 보기에는 부족하지만, 한국 사회에도 적지 않은 영향을 미치고 있기에 부정적인 측면을 중심으로 살펴보고자 한다.

한국에서는 90년대 중반부터 페미니즘, 환경, 성소수자 운동이 본격화되었다. 이때 대학가를 중심으로 널리 퍼진 PC주의는 일상에 숨은 편견과 차별을 바로잡아야 한다고 주장한다. 여기까지는 우리가 생각하는 정의와 크게 다르지 않다. 그런데 여기서 나아가 일상에서 일어나는 차별과 편견을 바로잡을 가장 중요한 수단으로 언어를 지목한다. 그렇기에 PC주의자는 타인의 언어에 매우 민감하게 반응하며 이를 비판하거나 규제하려 한다. 예를 들어 이들의 주장에 따르면 '병신'은 장애인을 비하하니 그 단어를 쓰면 안 된다. 다른 예로 어떤 단체가 길을 오가는 사람들한테 서명받기 위해 "여기 서명하면 남친, 여친이 좋아합니다"라는 플래카드를 게시했다. PC주의자는 그런 문구가 남자친구나 여자친구가 없는 사람, 혹은 성소수자에게 소외감을 느끼게 만든다고 비판했다. 이렇게 PC주의는 일상 속 언어 사용을 감시, 검열, 규제해 차별과 편견을 바로잡고자 한다.

사람이 먼저다

정의는 공격적이거나 강압적인 방법으로 실현할 수 있는 것이 아니다. 안타깝게도 부도덕한 말과 행동을 하는 사람을 공격해 그가 사과하도록 강제한다고 해서 갑자기 새사람이 된다는 보장도 없다. 사회 정의는 개인을 비판하며 실현되는 게 아니다. 바로 여기에 PC주의의 허점과 문제점이 있다.

PC주의는 타인을 설득하기보다 협박하는 결과를 낳을 우려가 있다. 말의 전체 맥락이나 의도 등은 도외시한 채 특정 단어를 사용했다는 이유만으로 상대방이 도덕적으로 옳지 않다고 낙인찍는 것이다. 예전 한 정치인이 정치보복을 위해 죄를 조작하는 정치검찰을 비판하면서 "소설 쓰지 말라"고 말했다. PC주의자들은 그가 '소설을 모독'했다고 강력하게 비판했다.

  부모 중에도 자식에게 욕하는 사람이 있다. 여기에서 훨씬 더 중요한 것은 부모 자식 관계의 성격이다. 한국 드라마에는 찰지게 욕을 하지만 자식을 진심으로 사랑하는 마음이 느껴지는 욕쟁이 엄마가 종종 등장한다. 반면 상냥하게 말하는 듯하지만, 자식을 지배하고 괴롭히고 착취하는 나쁜 부모도 있다. 심리학자 에리히 프롬은 이를 두고 '친절한 학대'라고 일컫기도 했다.

  PC주의에 따르면 자식을 사랑해도 욕하는 부모가 더 나쁘다고 할지도 모르겠다. 하지만 발언의 전체 맥락이나 청자와 화자의 관계를 고려하지 않고, 거슬리는 단어 하나를 격하게 비난하며 사과를 요구하는 PC주의의 대응 방식도 좋아 보이지는 않는다.

  사회운동은 사람을 위한 것이다. 설득과 감화로 소통에 앞장서야 한다. 공격적이거나 강압적인 방법을 고수한다면, PC주의는 대중의 지지를 얻을 수 없다. 사람을 설득하기보다 겁에 질리게 만들고 반감을 품게 만들기 때문이다. 미국 대중이 진보를 자처했던 민주당에게 등을 돌린 이유 중 하나도 민주당이 PC주의를 옹호했기 때문이다.

  PC주의가 인권과 사생활을 침해할 우려도 있다. 사람의 생각이나 표현을 탄압하고 검열하는 행위는 개인의 인권을 유린하고 사생활을 침해한다. 자기 검열로 이어지기까지 한다. 이는 사람들로부터 자유롭게 생각하고 말할 자유를 박탈한다. 박원익과 조윤호는 이렇게 말했다.

개인적인 것에 올바름을 묻는 풍토는 인간이 스스로 검열하고 스스로 자유를 포기하게 만든다. 국가기관이 나설 필요도 없다. 개인들이 서로의 창작물을 검열하고, 대중문화 제작자들에게 '소비자'라는 이름으로 압력을 가할 수 있기 때문이다.[31]

국가나 사회는 사회적 차원의 정의에는 적극 개입해야 마땅하지만, 개인의 생활에 개입해서는 안 된다. 국가는 공적인 불평등, 불공정, 불합리를 없애기 위해서 노력해야 한다. 개인의 사생활이나 언어 사용을 감시하며 이를 교정하려 해서는 안 된다. 이는 명백한 인권 탄압이자 사생활 침해이기 때문이다. 국가와 마찬가지로 PC주의자에게 사람의 인권을 탄압하거나 사생활을 침해할 권리는 없다.

안타깝게도 PC주의의 논리가 공적 발언 혹은 공적 인물의 발언만 문제시하는 게 아니라, 친구 사이 가볍게 나눈 대화에 사과를 요구하는 일도 늘고 있다. PC주의가 극성을 부린 결과, 요즘 청년 세대 중 자신이 인터넷이나 SNS에 올린 글이나 동영상을 반복적으로 검토해 삭제하는 이가 많다고 한다. 혹시 과거에 남긴 말이 빌미를 제공해 인터넷상으로 공격당할 수 있다는 불안 때문이다. 이때 PC주의는 사람이 더 도덕적이거나 정의롭게 행동하도록 동기를 부여한다기보다 자기 검열을 강요하고 공개적 망신에 대한 공포에 시달리게 할 뿐이다. 한국에 PC주의를 지지하는 청년도 있지만, PC주의를 두려워하거나 반대하는 청년도 적지 않은 이유다.

무엇보다 PC주의는 개인주의 정의론이다. 자본주의 사회는 철저하게 개인주의에 기초한다. 개인주의는 주요한 사회 사조 중 하나였지만 주로 지배층의 이념이었다. 민중은 집단주의 성향이 더 강했다. 그랬던 개인주의가 지배층의 울타리를 벗어나 모든 사람, 전 사회를 지배하는 유일 이념으로 등극하기 시작한 것은 자본주의 시대부터이나. 그 종결판이 바로 신자유주의적 자본주의다. 자본주의는 곧 개인주의이므로 자본주의 제도를 영원히 유지하고 싶어 하는 기득권의 보수주의는 확고히 개인주의에 기초한다. 반면 자본주의를 더 나은 사회제도로 개혁하고 싶어 하는 민중의 진보주의는 우리주의(집단주의)에 기초한다.[32] 오늘날 보수와 진보의 싸움은 개인주의 대 우리주의의 싸움이라고 할 수 있다. 박원익과 조윤호는 이렇게 말했다.

(PC주의는) 모든 문제를 개인이 지닌 윤리적 민감성의 문제로 축소한다. 이는 원래 급진적인 사회변화를 싫어하는 보수주의자들이 개인의 의식과 윤리에 모든 책임을 돌리던 방식과 매우 유사하다. 예를 들어 빈곤과 불평등 문제를 개인이 노력하지 않아서라고 비난하는 보수주의자들의 논리와, 소수자에 대한 차별 문제를 개인의 윤리적 민감성 문제로 환원하는 진보주의자들의 담론은 본질적으로 같다.[33]

보수주의는 모든 문제의 출발점이나 원인 그리고 해결책까지 모두 개인에게서 찾는다. 누가 가난하다면 이는 능력이나 노력이 부족한 개인 탓이다. 가난과 불평등 문제를 해결하려면 개인이 부지런히 노력해 능력을 개발해야 한다. 이것이 바로 보수주의 이념의 일관된 입장이다. 반면 진보주의는 문제의 출발점이나 원인 그리고 해결책까지 모두 사회에서 찾는다. 누가 가난하다면 이는 사람들에게 가난을 강요하는 사회에서 원인을 찾아야 한다. 가난과 불평등 문제를 해결하려면 부정의한 사회를 개혁해야 한다. 이것이 우리주의에 기초하는 진보주의 이념의 일관된 입장이다.

그렇다면 PC주의는 보수주의에 가까울까, 진보주의에 가까울까? PC주의는 진보를 표방하며, 실제 미국에서 진보를 자처하는 이들이 제창했기 때문에 진보에 가깝다고 생각하기 쉽다. 그러나 실상 PC주의는 개인주의에 기초한 보수주의 이념이다.

PC주의가 혐오의 도구가 된다면?

PC주의는 불평등의 원인을 부정의한 사회제도가 아니라 차별의식을 가진 개인 탓으로 돌린다. 모든 문제를 개인 문제로 환원하는 셈이다. 우리가 소수자, 사회적 약자를 혐오하는 건 모두 올바르지 않은 개인 탓이다. PC주의는 개인 간 생존경쟁과 서열경쟁을 강요하는 병든 사회제도를 무시한다. 그러나 환경보호에 무관심하거나 그것에 해가 되는 단어를 사용하는 사람을 모조리 찾아내 공격하는 일이 환경을 보호하는 일일까? 차별과 관련된 단어를 사용하는 사람을 공격해 사과를 받아내면 차별 문제가 해결될까? PC주의는 문제의 원인을 엉뚱한 곳에서 찾고 있다. 그 해결책 역시 과녁을 크게 벗어났다.

사회악의 원인을 올바르지 않은 개인 탓으로 돌리는 정의론은 인간 불신, 증오, 혐오를 확산한다. 모든 사회악의 근원이 개인이라면 이를 혐오하지 않을 수 없다. 그 개인이 정말 조금도 능력이 없거나, 노력도 하지 않으면서 무임승차를 요구하는 파렴치함을 보이거나, 도덕적으로 올바르지 않거나, 정의롭지 않다면 말이다. 그런데 아무리 문제 있는 개인을 혐오하며 공격해도 이들은 줄어들기는커녕 늘어난다. 사회 분위기가 점점 더 심각해진다. 이로 인해 발생하는 절망감, 분노는 '인간은 원래 악하다'나 '인간은 도저히 구제불능' 같은 인간 불신으로 이어지기 쉽다.

인간을 싫어하는 사람이 PC주의를 무기로 타인을 괴롭히거나 공격할 가능성도 무시할 수 없다. PC주의는 이들에게 그럴듯한 명분을 제공하는 매력적이고 강력한 무기가 된다. 이가 정도를 넘을 경우, 사회에는 정의의 사도를 자처하며 타인을 공격하는 '정의 중독자' 'PC 자경대원'이 넘쳐나게 될지도 모른다. 이런 사회를 '정의감 중독사회'라고 부르기도 한다.[34] 이렇게 PC주의 속에 숨어든 인간 공격자를 구분하기란 쉽지 않다. 분명한 것은 모든 문제의 원인을 개인의 탓으로 돌리는 보수주의는 인간 혐오자에게 대단히 친화적이라는 점이다.

3부

진짜 정의

권하는 사회

7장

사람답게 살기 위해서는 정의가 필요하다

인간은
정의를 원한다

인간이 정의를 원하는 것은 정의가 사회 유지에 필수적이기 때문이다. 정의는 사회와 단절된 개인에게 필요가 없다. 무인도에서 혼자 사는 사람에게 정의가 무슨 소용이 있겠는가? 정의는 사회적 차원에서만 의미 있는 개념이다. 정치학자 김비환은 다음과 같이 말했다.

> 정의는 두 사람 이상의 인간관계에서만 유효한 덕목이다. 정의는 정의롭거나 부정의한 행위를 하는 주체와 그 대상이 되는 객체, 그리고 이 둘 사이의 혜택과 부담(또는 손해)의 교환이라는 세 가지 요소를 포함하기 때문이다.[1]

정의는 사회와 관련된 문제이고, '선'이라는 윤리학적 개념의 하위 개념이다. 심리학적으로 볼 때 선과 악은 각각 친사회성, 반사회성으로 치환할 수 있다. 사람은 누군가 타인과 사회에 도움이 되는 행동을 하면 선하다고 인식하고, 사회에 해를 끼치는 짓을 하면 악으로 간주한다. 친사회적인 사람을 선한 사람, 반사회적인 사람을 악한 사람으로 여기는 셈이다. 따라서 정의는 친사회성을 띤다고 할 수 있다.

정의와 선은 완전히 동일하지 않다. 선이 사람 혹은 사회의 이익을 표현하는 일반적이고 추상적인 개념이라면 정의는 주로 이익의 분배 관계를 다루는 개념이다. 분배 관계에서의 선과 옳음이 바로 정의다. 그렇기에 정의는 선이 발현하는 종류 중 하나라고 할 수 있다. 선은 사회의 유지에 도움이 되지만 악은 사회를 파괴한다. 선은 사회에 이익이 되지만 악은 해가 된다. 극소수 이기주의자를 제외한다면 대다수 사람은 사회가 유지되기를 원한다. 이런 이유로 사람들은 선을 사랑하고 악을 싫어한다. 선을 사랑하는 사람은 정의도 사랑한다. 정의는 분배 관계에서 실현되는 선이기 때문이다.

《공정이란 무엇인가》의 저자인 영국 언론인 벤 펜턴은 정의 혹은 공정이 협력을 담보할 뿐만 아니라 사회를 지탱하는 토대라고 강조했다. 인간이 정의를 원하는 건 사회적 존재기 때문이다. 친사회적인 인간은 선을 사랑하고, 정의도 사랑한다.

인간의 사회는 협력을 통해 가장 효과적으로 형성되고 번영한다. 협력은 신뢰를 기반으로 하고, 신뢰는 공정성을 기반으로 한다. 따라서 공정성은 우리와 우리가 하는 모든 행동의 토대다.[2]

정의는 하늘에서 떨어진 것이 아니라 사회를 유지하기 위해 인간이 인위적으로 만든 개념이다. 그렇기에 정의의 내용은 역사가 발전하면서 따라 변화했다. 정의는 계급적 성격도 가진다. 사회 절대다수를 차지하는 민중은 정의를 옹호한다. 반면 극소수 이기주의 집단, 지배층은 사회의 유지와 발전에 관심이 없거나 그것을 싫어하기 때문에 정의를 반대하기도 한다.

정의의 역사적 성격

어떤 정의는 역사가 깊다. '복수'는 그리스와 중동 지역을 포함해 고대 사회 대부분에서 발견할 수 있는 정의다. 최근 유행했던 드라마 〈더 글로리〉 역시 복수를 다루는데, 꽤 많은 한국인이 이에 공감을 표했다. 복수의 정의관이 이어지고 있음을 보여주는 대목이다.

반면 정의는 시대와 문화에 따라 그 내용이 변화하기도 한다. 이는 정의에 역사성이 있다는 뜻이다. 노예제에 기초한 고대 사회의 구성원, 특히 지배층은 노예제를 부정의하다 보지 않았다. 근대 서구의 자본주의 사회에서는 자유롭고 평등한 개인이 공정한 조건에서 자발적으로 맺은 약속을 지키는 일을 정의라 보았다. 이 시기부터는 개인의 생존을 국가나 공동체가 보장하지 않아도 부정의하다고 여기지 않는 모습도 확인할 수 있다. 이전 시기 정의에서 오히려 후퇴한 셈이다. 19세기 이후에는 '사회정의'라는 새로운 개념이 등장한다. 이전까지 정의는 개인의 행위와 관계를 대상으로 삼았다면, 사회정의는 전체 사회를 대상으로 삼는다. 마르크스의 정의로운 이상사회 학설을 예로 들 수 있다.

이렇듯 정의는 시대에 따라 강조점과 내용의 결이 다르다. 역사가 발전하며 그 내용이 진보하거나 일부 후퇴하기도 했다. 이는 정의가 절대불변하는 것이 아니라, 역사적 성격을 가진다는 것을 보여준다.

정의의 계급적 성격

정의는 계급적 성격도 가진다. 원시공동체 사회 이후 인류 사회가 적대적 계급으로 분열된 계급사회기 때문이다. 동일 시대에 살더라도 사회 계급에 따라 정의가 다를 수 있다. 노예제 사회에서 절대다수 노예에게 노예제는 부정의였지만 극소수 노예주에게는 정의였다. 봉건제 사회에서 절대다수 농민에게 신분제는 부정의였지만 극소수 봉건 지배층에게는 정의였다. 자본주의 사회에서 절대다수 민중에게 불평등은 부정의지만 극소수 지배층에게는 정의다. 김비환은 이렇게 말했다.

> 같은 시대에 살고 있는 사람들이라 하더라도 서로의 입장과 의견이 다르다면 전혀 다른 정의관을 지지할 수도 있다. … 예컨대 인간이

본디 불평등한 존재라고 생각하거나 약육강식 원리가 지배하는 승자 독식의 사회가 좋은 사회라고 생각하는 사람들은, 모든 사람을 도덕적, 인격적으로 평등한 존재로 생각하는 사람들과 동일한 정의관을 공유하기 어렵다.[3]

정의가 계급적 성격을 갖는다고 해서 한 사회의 두 가지 정의, 즉 기득권층의 정의와 민중의 정의 둘 다가 동시에 옳다는 뜻은 아니다. 자신이 속한 계급의 정의관을 지지하는 것은 자유이지만, 기득권층의 정의가 옳다고 말할 수는 없다. 그들은 '사람은 모두 평등하다'는 정의관에 반대하기 때문이다. 왜 현대 자본주의 사회에서 극소수 지배층은 절대다수 민중에 거스르는 정의를 지지할까?

첫째, 부정의나 불공정이 그들에게 이익을 주기 때문이다. 한국 사회의 정의가 실현되는 일은 해방 이후 지금까지 지배층이나 기득권 세력이 독점으로 누리던 부와 권력을 내려놓아야 함을 의미한다. 한국 사회에서 수사권과 기소권을 독점한 검찰 집단은 무소불위의 권력을 휘두르며 국민 위에 군림했다. 이는 분배 정의의 견지에서 볼 때 명백한 부정의다. 국민이 검찰개혁을 요구하는 것은 이 때문이다. 당연히 검찰 집단은 개혁을 싫어하고 반대한다. 이익을 지키기 위해 정의를 거부하는 것이다.

둘째, 쾌감 상실에 대한 공포 때문이다. 자신의 이익만을 위해 사는 이기주의적 기득권층은 건전한 인간관계에서 경험하는 수준 높은 기쁨이나 사회를 위해 헌신하는 과정 중 얻는 행복을 알지도 누리지도 못한다. 참다운 기쁨을 누릴 수 없는 삶은 의미가 없다. 심리학자 에리히 프롬은 이럴 때 사람들이 권태감에 시달린다고 주장했다. 권태감은 감당하기 힘든 부정적 감정이다. 이로부터 해방되고 싶다면 사람답게 살아야 한다. 자신만을 위한 이기적인 삶이 아니라 사회와 공동체를 위한 삶 말이다. 그러나 기득권층이 어느 날 갑자기 기득권을 포기하고 진정으로 인간다운 삶을 선택하기란 현실적으로 불가능하다. 그들이 권태감을 방어하는 최선의 방법은 쾌락주의에 몸을 던지는 것뿐이다.

기득권층은 말초적 쾌감과 서열 쾌감을 좇는다. 참된 기쁨을 알지 못하기 때문이다. 여기서 말초적 쾌감이란 단순한 생리적 쾌감을 말한다. 이런 쾌감은 한계가 뚜렷하며 추구할 때마다 그 강도가 무뎌진다는 치명적 약점이 있다. 한국의 기득권층이 가장 열심히 좇는 쾌감은 자연스럽게 서열 쾌감이 되었다.

서열 쾌감이란 자신의 높은 서열을 확인하고 그 서열을 이용해 자신을 과시하거나 타인을 학대하며 체험하는 쾌감이다. 일류 백화점에서 명품 쇼핑을 하거나 최고 수준의 식당에서 밥을 먹으면서 느끼는 쾌감은 말초적 쾌감이 아니다. 이는 자신의 서열이 높다는 사실을 확인하려는 서열 쾌감이다. 권력자가 타인으로부터 명품 선물을 받을 때 느끼는 쾌감 역시 말초적 쾌감이 아니다. 자신의 서열을 확인하면서 체험하는 서열 쾌감이다.

서열을 이용해 아래 사람을 무시하거나 갑질, 언어폭력, 성희롱을 자행하는 행위는 서열 쾌감의 본질에 가깝다. 자신의 서열을 이용하여 타인을 학대하며 느끼는 쾌감은 적극적인 서열 쾌감의 일종이다. 서열 쾌감은 병적이다. 아래 서열 사람으로부터 인간관계의 자유를 박탈하고 그들의 인간 존엄성을 짓밟으면서, 즉 인간을 학대하면서 느끼는 쾌감이기 때문이다.

서열 쾌감은 필연적으로 타인에게 정신적 고통을 준다. 명품 시계를 타인에게 은근슬쩍 자랑하는 행위조차 "너는 이런 명품 시계를 못 사는 낮은 서열이잖아"라는 잔혹한 메시지를 전달한다. 단순히 자신의 높은 서열을 타인과 비교하며 흐뭇해하는 행위조차 '나는 당신을 평등한 존재로서 존중할 의사가 없다'는 신호를 은연중에 발산한다. 자신이 타인보다 더 높은 서열에 있다는 사실로부터 쾌감을 느낀다면 이는 인간의 평등함을 부정하며 얻는 쾌락이다. 이를 병적인 감정이 아니라고 할 수 있을까?

상당수 한국인을 관찰하다 보면, 서열 쾌감이야말로 그들이 매달리는 거의 유일한 인생의 낙이라는 불편한 진실을 알 수 있다. 그러나 서열 쾌감을 좇는 행위는 자기보다 더 서열이 높은 사람에게 기꺼이 자신을 학대할 권리를 허락하는 것과 마찬가지다. 서열 쾌감 추구자가 강약약강의 대인관계를 맺는 것은 이 때문이다. 이들은 자기보다 서열이 높은 사람 앞에서 바짝 엎드려 기꺼이 학대를 당한다. 머릿속에 항상 그들을 떠올리면서 두려움과 질투 따위로 고통받는다. 서열 쾌감이 인생의 유일한 낙인 이들은 갈수록 맹렬하게 서열 쾌감을 좇으며 그에 중독된다. 한국의 기득권층에게 서열 쾌감을 잃는 일은 자신의 심리적 만족감 전체를 잃는 일과 같다. 참다운 기쁨과 행복을 누리지 못해 서열 쾌감에 중독되었는데, 그마저도 느끼지 못하게 되는 셈이다. 이들은 이 상황이 지옥과 다를 바 없다고 여길 것이다.

셋째, 억울한 인생을 보상받으려 들기 때문이다. 기득권층의 최대 관심사는 자신의 기득권을 지키고 이를 후손에게 물려주는 것이다. 기득권층은 그들의 자식이 기득권을 이어받을 곳간지기라고 간주하는 경향이 있다. 기득권층은 자식을 인간으로서 사랑하지 않고 쓸모 있는 도구나 수단으로 만들기 위해 조련한다. 각종 사교육을 강요하고, 명문 학교에 진학시키고, 진로를 대신 결정하고, 심지어 정략결혼도 강요한다. 기득권층으로 태어난 사람은 부모로부터 사랑다운 사랑도 받지 못한 채 부모가 결정하는 바를 따르며 불행한 인생을 살아왔다. 그러나 부모의 힘이 워낙 세기에 저항하기보다 순종하기를 택한다.

기득권층 자녀는 부모의 사랑을 충분히 받지 못해서, 자기 인생의 주인이 되지 못해서, 슬프고 억울하다. 화가 나 있다. 그 뿌리 깊은 억울함과 분노는 성공하더라도 쉽게 사라지지 않는다. 이 때문에 기득권층은 남보다 더 많은 돈, 더 높은 서열을 차지해 보상받으려 한다. 억울해서 견딜 수 없기 때문이다. 또한 자신의 분노를 자기보다 서열이 낮은 사람들을 향해 퍼부으려고 한다. 기득권층에게 정의가 실현된다는 것은 자신의 억울함을 보상받을 길이 막히고 분노를 해소할 대상이 사라진다는 것을 의미한다. 따라서 그들은 정의에 격렬하게 반대한다.

사회에 만연한
불평등이 위험한 이유

대부분 사람은 정의를 사랑하며 간절히 원한다. 그렇기에 이들은 정의의 수호자이자 담당자이자 주체가 된다. 인류의 역사란 민중이 정의를 실현하기 위해 부정의한 기득권 세력에 맞서 싸워온 역사라고 할 수 있다.

정의에는 지위와 역할 간의 공정한 관계, 권리와 의무 간의 공정한 관계, 역할과 보상 간의 공정한 관계, 행동에 대한 공정한 평가 등이 포함된다. 정의에는 다음과 같은 조건이 필요하다.

① 지위와 역할 간 공정한 관계: 누군가 집단을 이끄는 역할을 하고 있다면 그는 그 집단에서 지도자나 간부의 지위를 차지해야 한다. 그것이 정의다. 누군가 국가지도자 역할을 하고 있지 못한데 그가 대통령의 지위를 차지하고 있다면, 그것은 부정의다.

② 권리와 의무 간의 공정한 관계: 절대다수 국민이 세금을 열심히 내고 있다면 국가는 그 세금을 절대다수 국민을 위해 사용해야 한다. 그것이 정의다. 수사권·기소권·재판권 같은 중요한 권리를 극소수 사법공무원이 독점하고 있다면, 그것은 부정의다.

③ 역할과 보상 간의 공정한 관계: 코로나 사태 같은 국가적 위기를 극복하기 위해 위험한 역할을 담당했던 사람에게 사회적 존경을 보장해야 한다. 그것이 정의다. 한국 사회에서 부동산 소유자는 사회에 기여하고 있지 않음에도 막대한 부동산 수입을 보상으로 얻는다. 이것은 부정의다.

④ 행동에 대한 공정한 평가: 국가와 민족을 위해 헌신했던 일제강점기 독립운동가의 행동은 사회로부터 높은 평가를 받아야 마땅하다. 그것이 정의다. 한국 사회에서 부자는 도덕성이나 행동과는 별개로 사회로부터 높은 평가를 받는 경향이 있다. 이것은 부정의다.

정의가 왜 필요한지 알기 위해서는 역으로 부정의가 어떤 결과를 초래하는지 알아야 한다. 그 결과는 다음과 같다.

공동체를 파괴하는 갈등과 분열

부정의는 공동체, 사회를 파괴한다. 윤리나 도덕과 마찬가지로 정의 역시 인류 역사에서 공동체의 유지와 발전에 필수적이다. 법학자인 서울대 김도균 교수는 정의가 "개인 및 집단 상호 간 분쟁을 만인 대 만인의 무력투쟁이 아닌 공통의 규범을 통해 평화적으로 해결하고 안정된 협동을 끌어내는 데 필수적인 사회적 덕목"[4]이라고 말했다. 정의가 부재하면 우리가 더 이상 공동체를 유지할 수도, 발전할 수 없다는 의미다.

예를 들어 아버지가 가족 중 유일하게 돈을 벌어오는데, 정당한 이유 없이 장남에게는 매달 20만 원을, 차남에게는 5만 원을 용돈으로 준다면 어떻게 될까? 형제 사이는 매우 나빠질 것이다. 아버지와 아들, 특히 아버지와 둘째 아들 간 관계도 나빠질 것이다. 정상적인 가족 내에서 불평등한 분배를 용인하는 경우는 드물다. 가족공동체가 붕괴할 것이 뻔하기 때문이다.

오늘날 한국 사회는 심각한 분열과 갈등으로 열병을 앓고 있다. 영국 킹스칼리지가 2021년 발간한 보고서 〈Cultural wars around the world: how countries perceive divisions〉에 의하면 한국은 조사대상 28개국 중 '갈등 1위' 국가이다. 전국경제인연합이 2021년 발간한 보고서에도 한국은 OECD 30개 국가 중 갈등지수 3위, 갈등관리 지수 27위를 기록했다.[5] 이는 한국 사회가 부정의로 인해 심각한 갈등을 겪고 있음을 보여준다.

집단 간 불평등은 물론 개인 간 불평등도 심화하고 있는 한국 사회에서는 갈등 역시 마찬가지 양상이다. 나날이 심각해지고 있는 개인 간 갈등은 한국을 심리적 내전이 일상화된 사회로 전락시켰다. 이러한 내전은 청년 세대의 남녀 갈등처럼 상황과 조건에 따라 집단화되어 표출되기도 한다.

존엄성을 침해하는 불평등

불평등과 부정의는 물질적인 손해를 넘어 인간 존엄성을 침해하는 결과를 낳는다. 영국의 언론인 벤 펜턴은 "사회 구성원 모두가 인격체로 존중받아야 하는 민주주의 사회에서 불평등과 부정의는 인격체를 훼손하는 행위이다. 따라서 불평등과 부정의는 경계해야 할 공공의 적이다"[6]라고 말했다. 그가 말하는 인격체 훼손이란 결국 인간 존엄성 침해다. 미국의 철학자 토머스 스캔런 역시 불평등이 심해지면 모든 인간은 인종, 성별, 출신, 소득, 지위와 무관하게 동등한 인간 존엄성을 가진다는 근본적 평등의 이상이 심각하게 훼손된다고 지적했다.[7]

앞서 언급한 가족의 예를 다시 들어보자. 아버지가 장남한테는 용돈을 매달 20만 원 주는 반면 차남에게는 5만 원을 주는 경우 차남은 어떤 심리를 가지게 될까? "아버지가 나를 존중하지 않는다" "아버지는 형만 사람으로 대우하고 나는 사람으로 취급하지 않는다" "나는 이 가족에서 버림받았다" 같은 심리를 가질 것이다. 슬픔, 열등감, 모욕감, 굴욕감 같은 부정적 감정으로 고통받는 동시에 분노에 휩싸이는 것은 말할 것도 없다. 이렇듯 불평등과 부정의는 필연적으로 누군가의 인간 존엄성을 짓밟는다. 사람은 타인과 사회로부터 존중받지 못하면 자신의 인간 존엄성이 침해당했다고 느낀다. 심한 경우 자신이 사람으로 인정받지 못한다고 생각하기도 한다.

인간관계 중 가장 좋은 관계는 사랑이 포함된 관계다. 그러나 사회생활을 하면서 만나는 모든 타인과 처음부터 이런 관계를 형성할 수 있는 건 아니다. 우리가 영원히 건강한 인간관계를 시작할 수 없다는 뜻이 아니다. 상호 존중이 쌓이면 그것을 토대로 건강한 인간관계를 형성할 수 있고, 인간애를 쌓아가는 것도 금방이다. 이는 존중이야말로 인간관계를 가능하게 한다는 것을 의미한다. 뒤집어 말하면, 존중 없이는 인간관계도 없다.

노예제가 있었던 시대에 노예주와 노예 사이 관계는 불평등했다. 정상적이지도, 건강하지도 않다. 이에 문제의식을 느낀 노예가 어느 날 노예주에게 다음과 같이 말한다고 가정하자. "주인님, 지금까지 주인님과 제 관계가 그리 좋지 않았잖아요? 오늘부터는 서로를 존중하며 사이좋게 지내보기로 해요." 이를 들은 노예주는 아마도 불같이 화내며 노예 감독에게 "이놈을 끌어내서 정신이 들 때까지 매질 좀 해라!"고 말하지 않을까?

노예주는 노예를 존중할 의사가 전혀 없다. 노예제가 건재하던 시절의 노예는 주인의 소유물이자 가축에 불과했기 때문이다. 인간이 아니었던 셈이다. 본질만 보자면 상대방을 존중하지 않는 행동은 이와 유사하다. 상대방을 동등한 인간관계를 맺을 수 있는 사람이 아니라고 간주한다는 점에서 그렇다. 이 때문에 누군가에게 존중받지 못하는 사람은 자신의 인간 존엄성이 무참하게 짓밟히는 고통을 느끼게 되는 것이다.

인간이 인간을 존중해야 하는 이유는 그가 나와 똑같은 인간이기 때문이다. 내가 인간이므로 존중받아야 한다면, 타인 역시 인간이니 나도 그들을 존중해야 한다. 아무 조건 없이 그러하다. 따라서 누군가로부터 존중받지 못하는 상황은 필연적으로 상대방이 자신을 인간으로 보지 않을지도 모른다는 의심을 유발한다. 이와 관련해 법학자 김도균은 "이들을 힘들게 하는 것은 물질적 불평등 이외에도 사회관계에서 매일 경험하는 경멸, 비하, 모욕, 따돌림, 배제, 폭력, 위협과 같은 사회적 존엄의 박탈이다"[8]라고 말하기도 했다.

오늘날 한국은 과거처럼 명시적으로 서열을 구분하는 신분제 사회가 아니다. 그러나 암묵적 규칙으로 서열이 나뉘는 사회라는 점에서 과거와 근본적 차이가 없다. 집단 내부는 대체로 평등했던 집단 간 서열사회에서 집단 내부까지 불평등이 침투한 개인 서열사회가 되었기에, 오히려 과거보다 후퇴했다고 할 수도 있다.

사회에 만연한 불평등은 곧 인간관계로 침투한다. 법적으로 사회적 신분과 지위의 평등이 보장되어도, 심리적으로는 평등 관계가 불가능한 경우가 많아진다. 재벌가의 아들과 가난한 비정규직 알바생이 인간관계를 맺는다고 가정하자. 두 사람이 평등한 인간관계를 맺기란 쉽지 않다. 혹시라도 그 재벌 아들이 비정규직 알바생에게 농담

조로 "너는 그 나이 되도록 아직도 알바나 하면서 사냐?"는 말을 던진다면, 그는 자신의 존엄성이 짓밟히는 고통을 느끼지 않을까?

불평등한 사회에서 자신의 인간 존엄성을 부정당하는 경험이 반복되면 자존감이 손상된다. 스스로 존중할 수 없게 되는 셈이다.[9] 사실 자기 존중이란 타인과 사회의 존중이 내면화된 것이나 마찬가지다. 그러니 사회로부터 존중받지 못하는 사람의 자존감은 높을 수 없다. 이것은 현대를 사는 한국인이 심각한 자존감 문제를 겪는 이유가 부정의에 있음을 방증한다. 그것이 집단 간이든 개인 간이든 사회의 부정의와 불평등은 인간관계로 침투하고, 인간관계의 부정의와 불평등은 필연적으로 누군가의 인간 존엄성을 파괴한다.

자유를 박탈하는 서열사회

최근 들어 한국에서 자유라는 단어를 가장 자주, 크게 말했던 사람은 윤석열일 것이다. 그는 자기만의 자유를 만끽하기 위해 내란을 일으켜 절대다수 국민의 자유를 박탈하려 했다. 한국은 자유를 중시하는 나라다. 부정의는 자유에 어떤 영향을 미칠까?

결론부터 말하자면, 부정의는 자유의 불평등을 초래한다. 어렵게 하루하루를 살아가는 사람들에게 다음과 같이 말한다면 어떻게 반응할까? "당신에게는 서울 강남의 빌딩과 아파트를 살 수 있는 자유가 있습니다!" "당신에게는 일 년 내내 해외여행을 다니면서 즐겁게 살 자유가 있습니다!" 대부분은 화를 낼 것이다. 이런 자유는 오직 돈 있는 자만이 누릴 수 있는 자유기 때문이다. 자본주의 사회에서 자유는 돈에 비례한다. 돈으로 사람 목숨까지 좌지우지할 수 있는 사회기 때문이다.

나는 자유 중 가장 중요한 자유는 인간관계를 맺는 자유라고 생각한다. 그렇기에 사람에게 정말로 고통스러운 것은 인간관계의 부자유라 할 수 있다. 인간관계에서 자유를 누리지 못한다는 말은 다음 두 가지로 구분할 수 있다. 첫째는 타인에게 구속되는 것이다. 노예제나 신분제 사회에서 노예주가 노예를 소유하는 것, 귀족이 평민을 지배하고 착취하는 것을 예로 들 수 있다. 둘째는 타인에게 심리적으로 괴롭힘을 당하는 것이다. 누군가가 타인을 가스라이팅해 지배한다면 그는 상대의 자유를 박탈하는 셈이다.

요즘 한국 사회에서 심리적인 불평등 관계에 기초하는 서열은 원칙적으로 평등한 인간관계, 예를 들면 연인관계에서도 나타날 수 있다. 누군가가 높은 서열을 등에 업고 타인을 무시한다면 그것 역시 타인의 자유를 박탈하는 것이나 마찬가지다. 그런 짓은 인간으로서 마땅히 존중받을 자유, 무시당하지 않을 자유를 박탈하는 것이기 때문이다.

지금 우리가 사는 한국은 법적으로 만인의 평등을 보장하는 사회다. 그러나 엄밀히 말하자면 한국은 개인 간 부의 불평등에 기초하는 개인 서열사회라 할 수 있다. 개인 서열사회에서 살아가는 사람은 타인, 특히 자신보다 서열이 높은 사람을 상대할 때 종종 자유를 빼앗긴다. 타인과 관계를 맺으며 그가 자신에게 정신적 고통을 줄지도 모른다고 걱정한다면, 이는 자유로운 관계라 말할 수 없다. 분배 부정의는 불평등한 서열 관계를 통해 사람의 자유를 박탈한다. 한국 사회에서 홀대받는 노동자, 예를 들어 비정규직 알바생, 인턴, 단기간 미숙련 노동자, 콜센터 전화상담 노동자, 슈퍼마켓 직원에게 허락되는 자유는 대체로 제한적이다.

부정의는 사람을
파괴한다

부정의는 사람에게 정신적 고통을 준다. 만일 영화〈범죄도시〉내내 주인공 마동석이 악당한테 계속 두들겨 맞으면 어땠을까? 분명 흥행에 참패했을 것이다. 사람들은 정의로운 주인공이 악당에게 패배하는 영화를 좋아하지 않는다. 정의가 부정의에 패배하거나 농락당하는 장면은 부정적인 감정을 유발하고, 결국 보는 이를 정신적으로 고통스럽게 하기 때문이다.

정의는 도덕, 윤리와 밀접하게 연결되어 있다. 정의는 선과, 부정의는 악과 연결된다. 선악의 문제와 마찬가지로 사람들은 정의와 부정의의 문제를 다룰 때도 도덕적 판단을 한다. 그리고 그 결과에 상응하는 도덕감정을 체험한다. 부정의는 반드시 부정적인 감정반응을 유발하고 이는 정신적 고통으로 이어진다.

자신이 소속된 공동체, 혹은 국가가 정의롭거나 그렇지 않다는 판단 역시 개인에게 정신적 영향을 미친다. 대다수 한국인은 그들이 국민항쟁으로 여러 차례 민주주의를 지킨 것에 자긍심을 느낀다. 노력과 투쟁으로 사회정의를 구현했다는 사실이 긍정적인 감정을 유발하는 셈이다. 만약 한국 사회가 부정의하다고 인식한다면, 구성원의 자긍심이 훼손되는 것은 물론 수치나 죄책감 같은 부정적인 감정으로 고통받을 것이다.

신경학과 심리학 연구에 의하면 남들로부터 공정한 대우를 받거나 자신이 공정하다고 믿는 바를 행동으로 옮길 때에는 뇌의 보상 영역이 활성화[10]된다. 반면 불공정성이나 부정의를 접하면 혐오와 고통 반응을 관장하는 뇌 영역이 활성화된다.[11] 이 역시 부정의가 정신적 고통을 준다는 명제를 뒷받침한다.

사람 본성을 망가뜨리는 고통

마이클 샌델은 부정의나 불평등이 사람의 미덕을 좀먹을 수 있다면서 보수주의자들과 자유주의자들이 이러한 손실을 간과하고 있다고 비판했다.[12] 부정의가 사람을 파괴할 수 있는데, 학자들이 이를 외면하고 있다는 말이다.

부정의는 사람을 파괴한다. 이는 육체가 아니라 사람의 정신이 파괴된다는 것을 의미한다. 인간 본성이 망가지는 셈이다. 사람은 육체를 가지고 있기에 사람인 것이 아니라 사람의 정신 혹은 인간 본성을 가지고 있어서 사람이기 때문이다.[13]

부정의는 인간 본성 중 기본인 사랑을 파괴한다.[14] 사람이 사람을 사랑하는 데에는 다른 이유가 필요 없다. 그가 사람이기만 하면 된다. 인간 본성을 완전히 상실하지 않은 사람은 조건 없이 다른 사람을 사랑할 수 있다. 사람은 자신이 사람이기 때문에 스스로 조건 없이 사랑한다. 가족도 마찬가지다. 그들이 사람이기 때문에 가족을 조건 없이 사랑한다. 마찬가지로 사람은 타인, 나아가 모든 인류가 사람이기 때문에 그들을 조건 없이 사랑한다. 사랑이 필연적으로 형제애나 인류애로 이어지는 까닭이 여기에 있다. 사람을 사랑하는 능력이 있는 사람은 모든 사람을 사랑할 수 있다. 이에 비해 사람을 사랑할 수 있는 능력을 상실한 사람은 자기 자신을 포함해 그 어떤 사람도 사랑하지 못한다.

부정의가 판치는 사회에서 살아가는 사람은 타인을 신뢰하거나 사랑하기 힘들다. 심한 경우 증오하고 혐오하기까지 한다. 사랑하는 능력을 상실하게 만드는 사회는 결국 구성원 개인이 본인조차 사랑할 수 없게 만들어 사람을 파괴한다. 자신을 사랑하지 못하는 사람은 타인도 사랑할 수 없으므로 고립된 삶을 살아가게 되기 때문이다.

사람을 사랑하지 못하는 사람은 연대 의식을 가질 수 없다. 정의가 실종되고 불평등이 심해지면 사람들은 서로 연대하지 못하고 반목한다. 마이클 샌델은 부정의, 즉 불평등 심화가 유발하는 가장 나쁜 결과가 연대 의식 약화라면서 빈부 격차가 지나치면 민주시민에게 요구되는 연대 의식이 약화된다고 경고했다.[15] 연대 의식이 약화한 사회는 고립된 개인 간 혈투가 벌어지는 무자비한 정글이 될 수밖에 없다. 이런 세상을 사는 사람들은 서로 더욱 불신하기 때문에 사람을 사랑할 수 있는 능력이 퇴화한다. 연대 의식이 실종되면 사회는 발전할 수 없고 역사는 진보할 수 없다. 이는 연대 의식으로 무장한 민중의 힘에 의해서만 가능하기 때문이다. 연대의 능력을 상실한 개인은 무력하기 짝이 없다. 그들이 할 수 있는 유일한 일이란 개인 간 경쟁에서 살아남기 위해 최선을 다하는 것뿐이다. 고립된 개인이 부정의한 사회를 개혁하고 더 나은 사회를 건설하기 위해 싸우는 것은 거의 불가능하다.

정신건강을 악화하는 부정의

부정의, 불평등은 자존감을 파괴하는 주범이다.[16] 자존감은 자신의 가치를 판단해 스스로 존중하는 마음이다. 건강한 사회에서 사람의 가치는 사회에 대한 기여도로 결정된다. 사회 혹은 공동체에 얼마나 기여하는지, 도움이 되는지에 따라 사람의 가치가 결정된다. 성실하게 사회생활을 하면 어떤 식으로든 사회에 기여하는 셈이기에 자존감이 높을 수밖에 없다. 자존감 문제가 있을 수 없는 셈이다. 사회적 기여도에 따라 사람을 평가하는 사회에서 자존감을 유지하는 일은 어렵지 않다. 선한 삶, 인간다운 삶을 살면 될 뿐이다. 사회에 대한 기여도로 사람의 가치를 평가하는 사회는 자존감 문제가 심각하지 않다.

한국 사회는 돈으로 사람의 가치를 평가한다. 심지어 돈으로 개인 간 서열을 매기는 개인 서열사회다. 이런 사회에서 사는 한국인 중 대다수는 자신의 가치를 낮게 평가할 수밖에 없다. 그 결과 자존감이 추락한다. 한국인은 사회생활을 하는 과정에서 빈번하게 자기보다 높은 서열의 사람을 상대하게 된다. 이 역시 자존감을 끌어내린다. 갑질처럼 끔찍한 경험을 하는 경우는 굳이 언급하지 않아도 될 것이다.

부정의, 불평등은 열등감을 강요한다. 법학자 김도균은 "부의 불평등이 심각해질수록 극도로 빈곤한 사람들은 외관상으로도 이미 열등한 존재로 보이고, 자신도 그렇다는 점을 알게 되어 스스로를 열등한 존재로 인식하게 된다"[17]라고 말했다. 그러나 열등감은 극도로 빈곤한 사람들만 겪는 문제가 아니다.

한국 같은 개인 서열사회는 많은 구성원이 알게 모르게 열등감에 시달리게 된다. 개인 서열사회에서 서열은 거의 무한대에 가깝게 나뉜다. 서열 순위가 아무리 높아도 항상 자기보다 서열이 높은 누군가가 있기 마련이다. 개인 서열사회에서 사는 사람은 자기보다 높은 서열 사람으로부터 열등감을 느끼고, 낮은 서열 사람으로부터 우월감을 추구하는 병적 심리를 갖게 된다. 우월감과 열등감 사이를 오가며 웃었다 울기를 반복하는 비정상적인 생활을 지속하는 셈이다. 그 결과 위쪽으로부터 학대당해 아래쪽으로 학대를 되돌려주는 강약약강의 질서를 따르는 서열 동물같이 반인간적인 삶을 살게 된다.

불평등이 심해지면 지배층, 엘리트층에 속한 사람의 양심은 손상될 가능성이 높다. 이에 관한 연구에 의하면 불평등이 심각한 사회에서 상층계급 구성원은 대체로 잔인성, 공감 결핍, 비인간적 심성을 갖게 된다.[18]

이유가 뭘까? 바로 불평등이 부자들의 현실 인식을 왜곡시키기 때문이다. 부자는 대체로 능력주의를 믿는다. 그들은 부자가 부자인 이유는 그들의 능력이 뛰어나거나 열심히 노력해서고, 가난한 사람이 가난한 이유는 그들의 능력이 부족하거나 노력하지 않아서라고 믿는다. 그들에게 불평등은 너무나 당연하며, 정의롭다. 이렇게 왜곡된 방향으로 현실을 인식하지 않는다면 부자는 부나 특권 등을 정당화하기 어렵다. 대단히 불편하고 고통스러운 일이 아닐 수 없을 테니 말이다. 이 착각을 포기하면, 부자는 죄책감과 불편함을 비롯한 부정적 감정에 시달리게 된다. 그러니 부정적인 감정으로부터 자신을 보호하기 위해서라도 현실 왜곡에 매달리게 되는 것이다.

8장

분배 정의에 관한 개인적 생각

기존 정의론의
한계는 무엇인가

 정의를 연구하는 이들은 학문적 입장에 따라 정의를 다르게 본다. 자유주의자에게 정의는 개인의 자유와 권리를 보호하고 법을 공정하게 집행하는 것이다. 신자유주의자에게 정의는 능력이나 사회적 기여도에 따라 부를 분배하는 것이다. 공리주의자에게 정의는 사회적 총효용을 극대화하는 것이다. 공동체주의자에게 정의는 문화 전통에 따른 공동선을 보호하고 계승하는 것이다. 사회주의자에게 정의는 능력에 따라 일하고 필요에 따라 부를 분배하는 것이다. 생태주의자에게 정의는 인간 이기주의를 버리고 자연과 호혜적인 공생관계를 이루는 것이다.
 정의론 중 정의의 본질에 근접하는 정의론도 일부 있지만, 정의론 대부분은 문제가 있다. 이 장에서는 기존의 정의론이 공통으로 간과한 문제를 살펴보기로 한다.

분배 정의에 치우친 정의론

동서고금을 막론하고 인류는 정의가 재화와 의무를 분배하는 문제라고 인식했다. 이익과 손해를 공정하게 분배해 둘 사이 균형을 맞추는 분배 정의에 중점을 둔 것이다. 이는 역사상 정의의 개념이 물질적 부를 공정하게 분배하기 위해 탄생했다는 사실만 봐도 충분히 이해할 수 있다. 그러나 분배 정의를 정의와 등치하는 것은 정의의 영역을 제한할 위험이 있다.

분배 정의의 관점에서 정의론은 다음 네 가지 요소를 포함한다. 첫째는 분배 대상이다. 이것은 무엇을 배분하는가의 문제다. 정의론이 주요하게 관심을 기울인 분배 대상은 물질적 부, 돈이다. 그러나 정의론자 상당수는 분배 대상에 권리나 명예처럼 비물질적인 가치가 포함되어야 한다고 주장한다. 둘째는 분배 대상자다. 이는 분배를 받을 자격이 있는 사람은 누구인가의 문제다. 셋째는 분배 원칙 혹은 분배 기준이다. 어떤 기준에 따라 물질적 부를 분배하는 것이 공정한가. 다양한 정의론이 이 문제를 가지고 치열하게 논쟁했다. 필요에 의한 분배가 맞는가, 능력에 따른 분배가 맞는가 하는 논쟁을 예로 들 수 있다. 넷째는 분배 주체의 문제다. 어떤 사회든 분배 대상을 분배하는 주체가 있기 마련이다. 일반적으로 분배 주체는 사회의 권력을 장악하고 있는 지배층, 그리고 그들이 장악한 국가다. 국가의 권위를 이용하는 지배층이 분배의 주체인 셈이다. 분배 주체인 지배층은 앞에서 언급했던 세 가지를 모두 좌지우지한다.

자본주의 사회의 지배층인 독점자본가계급은 국가를 장악해 무엇을, 누구에게, 어떤 원칙으로 분배할지 결정한다. 이를 국가독점자본주의라고 한다. 독점자본가계급이 득세한 국가는 원칙적으로 공유재인 토지, 석유, 금 같은 천연자원까지 분배 대상에 포함한다. 그리고 이를 자본가에게 유리하게 분배한다. 이는 자본주의 사회도 마찬가지다. 분배 정의의 핵심 쟁점은 분배 대상을 나누는 기준이다. 그러나 분배 원칙은 분배 주체에 비하면 부차적인 문제다. 이는 사회정의가 기반하는 제도의 정당성과도 연결되어 있다.

인구의 극소수에 불과한 독점자본가집단이 분배 주체가 되어 분배를 좌지우지하는 사회는 정의로운 사회가 아니다. 따라서 정의의 최우선 관심사는 분배 주체를 결정하는 사회제도가 되어야 한다. 어떤 사회를 건설해야 절대다수 국민이 분배 주체가 될 수 있는지 먼저 고민해야 한다. 정의론 연구자 대부분이 정의가 민주주의와 직결되어 있다고 말하는 이유도 이 때문이다.

실제로 인류 역사에서 분배 주체, 그리고 분배 주체가 좌우하는 분배 대상, 분배 대상자, 분배 원칙을 두고 치열한 계급투쟁이 빈번했다. 오늘날 분배 주체의 문제는 흔히 민주주의의 문제로 불린다. 민주주의란 국민 절대다수가 물질적 부나 권력의 분배를 결정하는 분배 주체가 되는 제도다. 그러므로 작금의 민주주의를 둘러싼 갈등은 본질적으로 분배 주체를 둘러싼 갈등, 즉 정의와 관련된 갈등이라 할 수 있다.

사회주의 정의론을 제외한 기존 정의론은 자본주의 제도를 긍정하고 이를 전제로 분배 문제를 논한다. 정말로 중요한 문제는 회피한 채 분배 원칙만 가지고 싸우는 셈이다. 이런 논쟁은 무의미하다.

능력주의는 능력에 따른 분배를 정의로 본다. 현대 자본주의 사회가 능력에 따라 분배를 진행하는 정의로운 사회라고 주장하는 것이다. 그러나 자본주의 사회에서 CEO와 노동자에게, 다양한 직업에 종사하는 사람들에게, 회사 내 다양한 직급을 가진 구성원들에게 자본을 어떤 비율로 분배할지 결정하는 기준은 능력이 아니다. 분배 비율을 결정하는 것은 자본가계급, 혹은 그들에게 고용된 경영자다. 자본주의 사회에서 노동자계급이 단결해 임금 인상을 요구하거나 직원 개인이 연봉을 올려달라고 요구하는 것은 미미한 영향을 미칠 뿐이다.

대기업에 취직한 누군가가 받는 월급을 결정하는 것은 분배 주체인 사장이지 능력이라는 분배 원칙이 아니다. 신자유주의 사회에서 능력주의는 독점자본가계급이 분배 대상을 좌우지해 발생하는 불공정한 분배를 그럴듯하게 포장하는 구실에 지나지 않는다. 결론적으로 기존 정의론은 분배 주체와 그를 결정하는 사회정의를 다루지 않기에 부족하다.

모두가 평등한 배경을 가지고 있어도, 모두에게 공정한 기회가 부장돼도, 분배 원칙이 공정하더라도 결과적으로 불평등이 발생할 수 있다. 결과의 불평등이다. 이때 국가는 결과의 평등을 촉진하기 위해 적극적으로 부를 재분배해야 할까? 아니면 능력주의 논리에 따라 결과의 불평등을 정의로 간주해 부의 재분배를 거부해야 할까? 북유럽의 복지국가가 전자라면, 미국이나 한국 같은 신자유주의 국가는 후자다. 결과의 불평등을 용인하고 방치하는 사회인 셈이다.

중요한 것은 분배 결과다. 가장 공정하다고 인정받은 원칙에 따라 분배해도 결과가 평등하지 않다면 그 정의론은 무의미하다. 불평등은 인간관계에서의 정의를 불가능하게 만들어 인간 존엄성을 침해하는 명백한 부정의기 때문이다.

정의는 인간의 존엄성과 연결되어 있다

인간관계에서 정의가 중요한 이유는 이가 인간의 존엄성과 연결되기 때문이다. 사회 구성원 모두가 인격체로 존중받아야 하는 민주주의 사회에서 불공평과 부정의는 인격체를 훼손하는 행위이다. 따라서 불공평과 부정의는 경계해야 할 공공의 적이다. 여기서 인격체 훼손이란 인간 존엄성을 침해하는 행위를 의미한다. 모든 부정의가 그렇지만, 특히 인간관계의 부정의는 즉각적으로, 그리고 가장 심각하게 인간의 존엄성을 파괴한다.

인간 존엄성을 적극 옹호한 대표적인 철학자는 칸트다. 그는 인간의 상품화에 반대하며 인간을 물건이나 상품이 아니라 존엄한 존재로 보고 그렇게 대우해야 한다고 주장했다. "보편적으로 타당하다고 인정될 만한 도덕규범을 스스로 수립하고 그 규범에 따라 행동하는 바로 이 능력이 인간 존엄성의 기초다"[19]라는 말에서 알 수 있듯, 칸트는 인간이 존엄한 존재인 이유를 인간이 이성적이고 자율적인 존재라는 사실에서 찾았다.

인간이 존엄한 존재인 이유는 인간이 인간 본성을 가지고 있어서다.[20] 심리학적 견지에서 봤을 때, 인간 존엄성 옹호는 인간애의 자연스러운 발현이라 할 수 있다. 자신을 인간으로서 사랑하는 사람은 자신을 존엄한 존재로 대하며, 타인도 자신을 그렇게 대하기를 바란다. 자식을 인간으로서 사랑하는 부모는 자식을 존엄한 존재로 대하며, 타인도 자기 자식을 그렇게 대하기를 바란다. 마찬가지로 인간을 인간으로서 사랑하는 사람은 모든 사람을 존엄한 존재로 대한다. 모두가 서로 그렇게 대하기를 바란다. 이렇게 인간에 대한 사랑, 인간애는 자연스럽게 인간 존엄성의 긍정으로 이어진다.

정의의 목적이 인간 존엄성 옹호라는 견해가 갈수록 힘을 얻고 있다. 정의를 위해 인간이 존재하는 것이 아니라 인간을 위해 정의가 존재하니, 정의의 목적은 당연히 인간 존엄성을 절대적으로 옹호하는 것이어야 한다는 견해가 대세다. 물론 인간 존엄성을 침해해도 괜찮다고 노골적으로 주장하는 정의론은 없다. 그러나 기존의 정의론은 인간관계에서의 불평등, 부정의가 필연적으로 인간 존엄성을 짓밟는다는 사실을 외면하는 것이 사실이다.

한때 '동전 갑질'이라는 말이 화제가 된 적 있다. 한 건축업자는 밀린 임금을 지급하라 요구하는 외국인 노동자에게 2만 2,802개의 동전으로 월급을 지급했다. 어느 음식점 업주는 종업원에게 자루 두 개를 가득 채운 동전으로 임금을 지급했는데, 그 무게가 무려 22.9kg에 달했다. 이처럼 갑질이 만연한 모습은 한국 사회에서 관계의 정의가 심각하게 위협받고 있다는 신호일 수 있다. 누구나 짐작할 수 있듯, 건축업자나 음식점 업주가 노동자나 종업원에게 동전 갑질을 할 수 있었던 이유는 양자 간 부와 권력이 불평등해서다. 이는 곧 인간관계의 불평등과 정의 파괴로 이어진다. 동전을 세면서 노동자와 종업원이 느꼈을 슬픔과 모멸감은 결과의 불평등이 존재하는 한 인간 존엄성이 온전히 보장될 수 없다는 진실을 명징하게 보여준다.

관계의 평등에 영향을 미치는 것

정의 연구자들은 '온전히 존중받지 못했다'는 인식을 관계 정의가 실현되고 있지 않다는 증거로 보아야 한다고 강조한다. 한국 기업을 대상으로 진행했던 연구의 결과에 따르면 기업 구성원의 삶을 가장 크게 개선하는 것은 인간관계의 정의다. 이는 인간관계의 부정의가 삶의 질을 떨어뜨리고 불행을 강요하는 주범임을 보여준다. 한국 사회는 개인 간 서열경쟁으로 존중불안이 극도로 높은 사회다. 다른 말로

하면 인간관계의 정의가 실종된 사회라는 것이다.

기존의 정의론은 평등을 물질적 부의 평등으로만 이해하는데, 부의 평등보다 훨씬 더 중요한 것은 인격적 평등, 심리적 평등이다. 물론 부의 평등은 심리적 평등을 촉진한다. 경제권이 남편에게 쏠린 가정에서는 아내를 대상으로 한 가정폭력이 발생할 가능성이 높다. 이것은 부의 불평등이 인간관계 불평등의 온상임을 의미한다.

미국의 한 비영리 단체 GiveDirectly는 케냐 농촌지역 약 200개 마을, 2만여 명을 대상으로 매달 가구당 약 22달러를 지급하는 실험을 진행했다.[21] 실험 기간은 짧게는 2년, 길게는 12년으로 다양했다. 그 결과 참가자의 정신건강, 특히 자존감과 삶에 대한 통제감이 향상되었다. 또한 부부 갈등과 여성을 대상으로 한 가정폭력이 줄어들었는데, 아내가 기본소득을 받은 가구는 부부의 협력도, 의사결정 공유도가 높게 나타났다.

1995년, 랜들 아키 교수의 팀은 노스캐롤라이나주 저소득층 어린이 1,420명을 대상으로 성격 변화를 추적하는 실험을 진행했다.[22] 그 과정에서 상당수 가구가 가족 1인당 약 4,000달러를 받게 되었다. 일시적이고 제한적이지만 기본소득을 받게 된 셈이다. 그 결과 기본소득을 받은 가족의 어린이는 성격이 긍정적으로 변화했는데, 특히 성실성과 공감 능력이 두드러지게 향상되었다. 부부 관계도 개선되었는데, 이와 관련해 아키 교수는 "아시다시피 가난한 부부가 싸우는 가장 큰 이유는 돈 때문이지요"라고 말하기도 했다.

이런 사례들은 부의 평등이 관계의 평등에 큰 영향을 미친다는 것을 보여준다. 부를 완전히 평등하게 분배할 필요는 없으며 그럴 수도 없다. 그러나 부를 분배하는 데 발생하는 불평등은 관계의 정의를 위협하지 못하는 수준으로는 제한되어야 한다. 이를 위해 한국 사회를 집단 간 경쟁에 기초하는 사회로 개혁해 개인 간 서열경쟁을 없애고, 인간관계의 정의를 위협하지 못하는 수준으로 부의 불평등을 낮춰야 할 것이다.

정의 중 가장 중요한 정의가 인간관계의 정의임에도 불구하고, 기존의 정의론은 이 문제에 지극히 무력한 모습을 보인다. 여러 번 말하지만, 불평등은 관계의 정의를 불가능하게 만든다. 인간관계의 평등이 전제되어야 관계가 정의로울 수 있기 때문이다. 평등은 관계 정의를 실현하는 전제이자 필수조건이다. 결과의 불평등은 인간관계를 불평등하게 만들어 정의를 파괴한다. 부의 재분배, 즉 결과의 불평등을 교정하려고 하지 않는 정의론은 관계 정의를 회피하므로 부족한 정의론이다.

이런 맥락에서 법학자 김도균은 "기존의 정의론은 주로 자원이나 재화, 권리와 이익, 의무와 부담, 기회 등의 평등 또는 불평등이 바람직한가 여부에만 주목하고, 사회관계에서의 상호 존중이라는 평등 측면은 소홀히 다뤄왔다"고 비판했다.[23] 물론 기존 정의론은 인간이 평등하다고 인정한다. 불평등을 지지하는 정의론은 존재하지 않는다. 모든 정의론은 인간이 평등하다는 전제 위에 논의를 전개한다.

하지만 기존 정의론은 인간관계의 불평등을 초래하는 결과의 불평등을 단호하게 반대했어야 마땅하다.

기존의 정의론은 분배 대상을 물질적 부나 돈에 국한하며 더 중요한 분배 대상인 권력에는 무관심하다. 분배 정의의 핵심은 돈의 분배가 아니라 권력의 분배다. 권력이 공정하게 분배되면 물질적 부가 불공정하게 분배되더라도 인간관계는 자연히 평등해진다. 반면 물질적 부를 공정하게 분배해도 그것이 권력의 불공정한 분배로 이어진다면 아무 소용이 없다. 권력이 불공정하게 분배되면 인간관계의 불평등과 부정의로 귀결되기 때문이다. 자본주의 사회에서 물질적 부의 분배를 중시하는 이유는 이것이 권력의 불평등과 직결되기 때문이다.

분배 정의의 목적은 인간 평등을 실현하는 데 있다. 인간이 평등하다는 것은 모든 사람에게 똑같은 권력, 권리가 분배된다는 것을 의미한다. 그런데 만일 이것이 능력에 따라 분배된다면 어떻게 될까? 돈 많은 부자는 투표에서 만 표를 행사할 수 있지만, 가난한 사람은 한 표도 행사하지 못하게 될 수도 있다. 능력에 따른 분배를 주장하는 능력주의조차 능력에 따라 권력을 분배해야 한다고 주장하지 않는다. 물질적 부를 능력에 따라 분배하자고 말할 뿐이다. 그러나 결과의 불평등을 용인하는 조건 아래 물질적 부를 능력에 따라 분배하는 일은 곧 능력 따라 권력을 분배하는 일과 다름없다. 어떤 기준에 따른 분배든 결과가 불평등하다면 인간관계는 절대로 평등할 수 없고, 정의도 실현할 수 없다.

모름지기 정의론은 관계 정의에 주목하고 이를 옹호하기 위해 최선을 다해야 한다. 결과의 불평등을 절대로 용인하지 말고, 부의 재분배를 강력하게 주장해야 한다. 부의 재분배를 강력하게 주장하지 않는 정의론은 관계 정의를 간과하는 정의론이다. 기존의 정의론은 물질적 부를 어떻게 분배할지에만 큰 관심을 기울이고, 그것이 관계 정의나 사회정의의 실현에 도움이 되는지는 거의 주목하지 않았다. 관계 정의나 평등은 물질적 부의 분배보다 훨씬 더 중요하지만, 이를 중요 내용으로 다루지 않았던 셈이다. 결과의 불평등으로 관계 정의가 실종된 사회에서 인간 존엄성은 발붙일 곳이 없다. 정의론은 반드시 인간 존엄성을 옹호해야 한다. 그러기 위해서는 부의 재분배를 지지해야 한다. 이것을 외면하는 정의는 다 가짜다.

생존권은
분배 대상이 아니다

지금은 많은 이들의 기억 속에서 잊혔지만, 2014년 발생했던 '송파구 세 모녀의 죽음'은 당시 한국 사회에 큰 충격을 안겼다. 이 사건 이후에도 극단적 선택을 하는 사람의 행렬이 끊이지 않고 있다. 생존 위기로 인해 사람이 자살하는 사건, 특히 가족이 집단으로 자살하는 사건을 접할 때마다 우리는 이런 질문을 던지게 된다. "생존이 불가능해 스스로 죽음을 선택하는 사회를 정의로운 사회라고 할 수 있을까? 생존권을 보장하는 사회가 정의로운 사회 아닐까?"

과거 한국 사람들은 "사람은 일단 살리고 볼 일이지"라고 말했다. 이는 인류가 먼 옛날부터 견지한 정의 원칙이다. 생존이라는 절대적 필요에 따라 분배하기에 필요 원칙이라고도 부른다. 필요 원칙은 인류가 오랫동안 지켜왔던 정의 원칙이고, 지금도 공동체적 유대가 강한 집단에서는 이 원칙을 고수한다. 가족공동체만 보더라도 알 수 있다.

가족공동체는 아버지가 벌어온 돈을 필요에 따라 분배한다. 능력주의가 지배하는 자본주의 사회에서도 가족공동체는 여전히 필요 원칙에 따른 분배를 고수하는 셈이다. 이는 가족 구성원이 서로를 사랑과 공존 대상으로 여기기 때문이다. 가족 구성원뿐 아니라 이웃, 나아가 모든 인간을 이렇게 여긴다면 정의 원칙은 마땅히 가족의 울타리를 넘어 전체 인류를 대상으로 직용되어아 한다. 사람을 사랑하는 사람, 그래서 타인과 공존하려고 하는 사람은 필요 원칙을 지지할 수밖에 없다. 필요 원칙은 인류애의 자연스러운 발현이다. 이런 맥락에서 심리학자 에리히 프롬은 반려동물의 살 권리를 인정하는 사회에서 왜 인간에게 살 권리를 보장하지 않는지 묻기도 했다.

정치학자 김비환은 오랜 세월 거의 모든 사회가 필요 원칙을 정의 원칙으로 채택했다면서 동서고금을 막론하고 빈민법, 구빈법이 있었다는 것을 그 증거로 들었다.[24] 옛날부터 공동체 생활을 한 한국인은 이웃이 생존 위기에 처했는데 이를 방관한 사람을 부정의한 사람으로 여겼다. 향악은 농촌공동체를 운영하기 위한 조선시대의 법인데, 어려운 이웃을 돕지 않는 행위를 강력히 처벌하는 조항이 있다. 우리나라에서는 백성뿐 아니라 지배층도 필요 원칙을 인정하고 지지한 바 있다. 필요 원칙을 거부하면 저항정신이 강했던 한국인들을 통치하기 어려워서 그랬을 가능성도 있다.

일찍이 고조선 시기부터 한국의 지배층은 백성의 생존권을 인정했으며, 국가가 이를 보장해야 한다고 생각했다. 이는 구휼제도의 전통을 통해 확인할 수 있다. 고조선 2,000년의 실록을 담고 있는《단군세기》에는 기원전 990년에 27세 단군 두밀이 "심한 가뭄이 든 뒤에 큰 비가 내리자 백성이 곡식을 거둬들이지 못했다. 임금께서 곡물창고를 열어 두루 나눠주게 하셨다"는 내용이 나온다.[25] 기록으로 확인할 수 있는 한국 최초의 복지제도인 셈이다. 고조선의 구휼제도는 이후 고구려의 진대법, 고려 시대의 구제도감과 구급도감으로 이어졌다. 유교를 숭상했던 조선 지배층은 국가가 백성의 생존을 책임져야 한다고 생각했다. 이 때문에 흉년이 들면 곡식을 풀어 백성을 구제하는 것을 당연한 국가의 의무로 여겼다. 과거의 한국인은 국가나 공동체가 개인들의 생존을 책임지고 보장하는 것이 정의라고 믿어왔다. 생산력이 발전하지 못해서, 나라가 가난해서, 하고 싶어도 능력이 없어서 그렇게 하지 못했을 뿐이다.

필요 원칙에 따른 분배

'사람은 무조건 살리고 봐야 한다'는 정의 원칙은 자본주의가 등장하면서 무너졌다. 개인의 생존은 각자 알아서 책임지는 것이 정의라는 기이한 믿음이 팽배해지기 시작한 게 자본주의 사회부터다. 개인주의에 기초하는 자본주의 사회는 필요 원칙, 즉 생존권을 부정했다. 자본주의를 두고 마르크스는 "노동자에게는 일을 하지 않으면 굶어 죽을 자유밖에 없다"고 야유했다. 노동자를 손쉽게 지배하고 착취하기 위해 국가가 개인의 생존을 책임지는 필요 원칙을 폐기했음을 지적한 것이다. 자본주의가 일반화되면서 그 비인간성에 반대하는 노동운동과 사회주의 운동이 등장했고, 필요 원칙을 사회정의의 원칙으로 삼는 정의론이 다시 등장했다. 자본주의가 매장한 필요 원칙이 부활하게 된 셈이다.

사회연대의 이상에 기반한 '필요에 따른 분배 원칙'이 사회정의의 주된 원칙으로서 등장한 것은 자본주의 체제에서 노동계급이 겪는 고통과 비참한 처지가 사회운동의 주요 쟁점으로 부각된 19세기 후반의 일이다.[26]

프랑스대혁명이 천명한 형제애와 인간애에 기초하는 필요 원칙은 '만국의 노동자여, 단결하라!'는 연대의 이상을 표방했던 사회주의 운동이 활성화되면서 사회주의 정의론으로 발전했다.

초기 기독교에서 확인할 수 있듯이 서구 사회는 먼 옛날부터 필요 원칙을 지지했다. 이는 1891년 초 교황 레오 13세가 '자유계약'이 공정한 임금의 기초라고 인정하는 것을 거부하면서 '자연권'을 충족하기 위해 노동자는 적절한 생계유지비, 즉 오늘날의 기본소득을 받아야 한다고 주장했던 것을 통해서도 알 수 있다.[27] 이러한 기조는 철학자 버트란트 러셀로 이어졌다. 1918년 출간한 《자유로 가는 길》에서

러셀은 "일을 하든 안 하든 사람은 누구나 생필품을 구하기에 충분한 소득을 일정액 보장받아야 하며, 이보다 더 큰 소득은 생산된 재화의 총량이 허락하는 한도 안에서 공동체가 유용하다고 인정하는 일에 종사하는 이들에게 돌아가야 한다"고 주장했다. 러셀이 인간에게는 누구나 기본소득을 받을 권리가 있다고 주장하며 생존권을 인정했다는 것을 보여주는 대목이다.[28]

필요 원칙에 의하면 분배 정의란 우선 각 구성원에게 생존권을 보장하는 몫부터 분배한 다음 그 나머지를 분배하는 것이다. 필요 원칙에 동의하는 정치학자 김비환은 최소 생계 보장과 능력주의를 결합한 해법을 제안했다. 모든 사회 구성원에게 삶을 꾸려나가는 데 필요한 최소 생계 수단을 보장하는 한편, 개인이 최대한 능력을 발휘하도록 자극하기 위해 차등적인 보상을 허용하자는 것이다.[29]

드라마 〈오징어 게임〉에 비추어 말하자면 모든 게임 참가자에게 생존에 필요한 5천만 원을 분배한 다음, 결과에 따라 1등 1명에게는 1천만 원, 2등 5명에게는 500만 원, 3등 10명에게는 100만 원을 분배하자는 이야기다. 이러면 그 누구도 생존불안, 즉 게임에서 지면 죽는다는 공포에 시달리지 않게 된다. 반드시 승리해야만 한다는 압박감도 약화해 승리를 위해 서로 적대시하거나 증오할 필요가 없다. 필요 원칙에 따른 분배를 거부한다면 드라마 〈오징어 게임〉이 보여주듯 지옥도가 펼쳐질 수밖에 없다.

사회주의 정의론을 제외한 기존 정의론은 필요 원칙에 의한 분배를 지지하지 않는다. 기본적 필요의 충족이 나머지 정의 원칙을 적용하기 위한 전제조건이라 주장했던 존 롤스의 정의론이 있기는 하다. 롤스는 시민의 기본적 필요가 충족되는 것이 자신의 권리와 자유를 이해하고 그것을 유의미하게 행사하는 필수조건이라 주장했다. 시민의 기본적 필요가 우선 충족되어야 한다는 기본 필요 원칙을 사회정의의 최우선 원칙으로 제안한 셈이다. 이는 생존이 위태로우면 인간답게 살아갈 수 없으므로 전 국민에게 기본소득 혹은 최저생계비부터 우선적으로 분배해야 한다는 주장이기도 하다. 미국의 철학자 해리 프랭크퍼트는 이를 '기본적 필요 충족의 우선원칙'이라고 부르기도 했다.[30]

인간의 생존권을 인정하는 필요 원칙이 배제된 분배 정의는 참된 정의가 아니다. 정의도 인간을 위한 것인데 인간의 살 권리를 부정하는 것, 죽어가는 인간이 그대로 죽게 두어도 괜찮다고 말하는 게 정의일 수는 없기 때문이다. 분배 원칙으로 생존이 위태로워지는 사람이 생긴다면 그 원칙은 정의롭지 않다. 양극화 사회로 불리는 오늘날 신자유주의 사회처럼 극소수는 천문학적인 부를 누리는 반면 대다수는 생존 불안에 시달리면서 살아가야만 하는 사회는 정의롭지 않다. 참다운 정의론이라면 반드시 인간의 살 권리를 우선 보장하는 필요 원칙을 지지해야 한다.

사회적 존재로서의 생존을 위해

지금까지 말한 생존권은 상대적인 생존권을 의미한다. 생존권의 기준은 시기나 문화에 따라 달라진다. 가난했던 농경사회에서 생존은 곧 쌀이었다. 과거에는 기초적 삶을 영위할 수 있는 정도의 쌀만 보장되어도 괜찮았다. 오늘날에는 그렇게 살 수 없다. 생존이란 단순한 육체적 생존이 아니라 사회적 존재로서의 생존을 의미하기 때문이다. 갈등해결학자 강영진 교수는 '기본적 필요'란 생존에 필요한 것 외에도 사회적 존재로서 인간이 삶을 꾸려나가는 데 필수적인 것이라고 정의했다.[31] 애덤 스미스는 《국부론》에서 다음과 같이 말했다.

필수품이란 생활을 유지하기 위해 필수불가결한 상품뿐만 아니라, 그 나라의 관습상 점잖은 사람의 체면 유지를 위해, 심지어 최하층 계급 사람들의 체면 유지를 위해서도, 없어서는 안 될 상품들을 가리킨다고 나는 생각한다. … 잉글랜드에서는 관습상 가죽 신발이 생활필수품으로 되고 있다. … 그러므로 생활필수품이란 자연과 사회의 일반적인 예의가 최하층 계급에게조차 필요하도록 만드는 물품이라고 이해해야 한다.[32]

컵라면과 추리닝만으로는 사회적 존재로서 정상적인 삶을 영위할 수 없다. 기본소득 혹은 최저생계비는 특정 사회에서 사회적 존재로서 생활을 가능하게 해주는 소득을 말한다.

 어떤 이는 인간의 욕망은 끝이 없는데 어떻게 필요에 맞춰 분배할 수 있냐고 묻기도 한다. 마르크스가 필요에 의한 분배가 실현되는 사회가 이상적이라고 말한 이유는 생산력이 고도로 발전해서가 아니다. 평등하고 화목한 사회에서는 사람의 욕망이 건전해질 것으로 예상했기 때문이다. 가령 한국보다 상대적으로 평등한 사회인 덴마크에는 명품 시장이 없다시피 하다. 치열하게 개인 간 서열경쟁이 벌어지는 개인 서열사회가 아니기 때문이다. 서열사회인 한국에서는 명품이 서열을 과시하고 상징하는 도구로 자주 기능하지만 덴마크는 그렇지 않다. 쉽게 말해 덴마크에서는 명품을 휘두르고 사람들을 만나러 나가도 그들이 부러워하지도 않을 뿐만 아니라 한국에서처럼 "너 잘 나가는구나. 좋겠다" 같은 말을 들을 수 없다. 덴마크인은 명품 가방이 있는 사람을 서열이 높은 사람으로 간주하지 않는다. 그러니 명품 수요가 높지 않고, 명품 시장이 크지 않은 것이다.

 사람의 물질적 욕망에는 끝이 없다고 말하곤 하지만 과도하거나 과시적인 소비 욕망은 불평등한 사회가 강요하는 비정상적 욕망이다. 여러 연구에 의하면 불평등한 사회일수록 과시성 소비가 심하다. 불평등한 사회, 특히 개인 서열사회에서 과시성 소비는 자신의 서열을 과시하고 확인하기 위한 자기만족적 소비다. 평등한 사회, 정의로운 사회가 되면 이런 비정상적, 반인간적인 욕망은 거의 다 사라질 가능성이 있다.

필요 원칙에 의한 분배가 실현되어 사람들이 생존불안에서 벗어나고 인간관계와 공동체가 회복되면, 사람은 돈에 대한 과도한 욕망과 집착에서 서서히 해방될 것이다. 개인 간 격투로 생존 문제를 해결할 필요 없이 국가가 생존권을 책임지고 보장하면 인간관계는 크게 호전되기 마련이다. 생존에 꼭 필요한 것 이상으로 욕심낼 필요도 없다. 필요 원칙에 의한 분배는 평등한 정의 사회로 길을 열고 인간의 욕망을 정상화해 인간의 필요가 무절제한 탐욕으로 변질되지 않도록 도울 것이다.

국가가 개인 생존을 책임지며 보장한다는 것은 국가 주도 아래 개인의 생존을 우선 보장하는 분배를 한다는 것이다. 다시 말해 국가가 가진 모든 부 중 국민의 생존에 필요한 부를 무조건적으로 분배한 다음 나머지 부를 분배하는 셈이다. 국가가 기본소득 혹은 최저생계비를 지급해 개인의 생존을 책임지고 보장해야 한다는 주장은 바로 이런 분배 원칙에 기초한다. 기본소득 혹은 최저생계비 제도는 새삼스럽지 않다. 우리가 다시 인간이 되어 사람답게 살자는 것을 의미한다. 기본소득은 인류가 먼 옛날부터 간직한 정의의 신념을 실현하는 첫걸음이다.

사회적 존경을
분배하는 사회

 사람이 진정으로 원하는 것은 돈이 아니라 사회적 존경일 수 있다. 사회적 존경은 사회적 인정과 존중을 전제로 한다. 사회로부터 존경 받는 것은 의미와 가치 있는 삶을 원하는 사회적 존재로서 인간 본성에서 우러나오는 건강한 요구다. 대체로 생존에 필요한 물질적 부의 분배가 기본적으로 이루어지는 건강한 사회에서 사는 사람은 돈에 대한 욕망에서 해방되어 사회적 존경을 받기 위해 노력할 것이다.

 이것은 정의로운 사회에서는 기본 생존을 보장하기 위해서만 물질적 부를 분배하고, 그 외에는 돈이 아니라 사회적 존경을 분배한다는 의미다. 국가가 국민의 생존을 책임지고 보장한다는 조건 아래 사회적 기여도에 따라 사회적 존경을 차등 분배하는 사회야말로 아직은 이상적으로 들릴지 몰라도 건강하고 바람직한 정의 사회다.

 오늘날 한국인은 돈을 많이 벌어 서열 상승을 해야 한다고 믿지만 사실 그들이 진정으로 원하는 것은 존경이다. 서열 상승에 성공해야 더 많은 존경을 받을 수 있다고 굳게 믿기에 돈이나 서열에 집착하는 것뿐이다. 만일 돈으로 존경을 살 수 없거나 돈을 많이 버는 것이 오히려 사회의 존경을 잃게 했다면, 돈이 아니라 다른 방식으로 사회적 존경을 획득하기 위해 노력할 것이다.

돈이 아닌 사회적 존경을 얻기 위한 노력

일찍이 철학자 아리스토텔레스는 정의가 영예를 안겨준다고 주장했다. 분배의 주된 대상이 물질적 부나 돈이 아니라 명예나 영예, 즉 사회적 존경이 되어야 한다고 보았던 셈이다. 마이클 샌델은 오늘날 분배 정의 논쟁이 주로 부나 기회의 분배에 초점이 맞춰져 있지만, 아리스토텔레스에게 분배 정의는 대개 돈이 아니라 공직과 영예의 분배와 관련된 문제였다고 말했다.[33] 같은 맥락에서 법학자 김도균은 "근면성실함의 덕목은 칭송과 영예를 안길 근거는 될 수 있을지언정, 타인과 비교해서 경제적 재화를 더 많이 분배할 근거는 되지 않는다"[34]고 주장했다. 요컨대 가장 중요한 분배 대상은 물질적 부나 돈이 아니라 명예 같은 사회적 존경이라는 말이다.

사회적 존경을 분배 대상 삼는다고 해서 물질적 보상을 해서는 안 된다는 말은 아니다. 단지 사회적 존경이 기본이고 물질적 보상은 부차적이라는 뜻이다. 앞에서 북유럽 국가의 의사는 수입, 즉 분배받는 몫이 다른 직업군과 크게 다르지 않다고 언급했다. 북유럽에서 의사는 다른 직업군보다 돈을 많이 벌지 못한다. 하지만 사회적 기여도가 큰 직업이기 때문에 사회적 존경을 받는다. 국민의 기본적인 삶을 보장하는 북유럽 사회는 돈보다 사회적 존경을 분배한다. 북유럽 사람은 이를 정의롭다고 여기며 대체로 만족한다. 반면 한국은 전적으로 돈의 분배를 중시한다. 한국에서 의사는 고소득자다. 그러나 직업 만족도는 매우 낮고, 한국인은 의사를 별로 존경하지 않는다. 북유럽 의사와 반대로 한국 의사는 돈을 분배받는 대신 사회적 존경을 잃은 셈이다.

사회적 기여도 역시 능력처럼 정확하게 측정하거나 비교하는 것이 거의 불가능하다. 그러나 눈에 띄는 현저한 차이나 절대다수가 동의할 만한 차이가 있으면, 사회적 기여도를 비교할 수도 있다. 이해를 돕기 위해 누구나 아는 위인의 이야기로 예를 들어보자.

한글을 창제한 세종대왕이나 일제 강점기 시절 독립운동가의 사회적 기여도가 평범한 사람들의 사회적 기여도보다 더 크다고 말하면 다들 동의한다. 그렇다면 세종대왕에게는 돈을 어느 정도 분배해야 할까? 또 일제로부터 해방된 다음 독립운동가들에게 돈을 얼마나 분배해야 할까? 아마 이들에게 '당신의 사회적 기여도가 크니 돈을 많이 드리겠다'고 말한다면 분명 화를 낼 것이다. 세종대왕이나 독립운동가들이 사회에 크게 기여한 것은 그들이 돈을 바라서가 아니라 나라와 백성을 위했기 때문이다. 그런 분들께 돈으로 노고를 보상하겠다고 말하는 것은 오히려 그들을 모욕하는 행위다. 세종대왕이나 독립운동가들은 자신의 사회적 기여에 대한 정당한 평가와 그것에 상응하는 사회적 존경만으로도 충분히 만족할 것이다. 이것은 사회적 기여도에 따른 차등 분배가 정의에 부합되더라도 그 분배 대상은 원칙적으로 돈이 아닌 사회적 존경이어야 한다는 것을 말해준다. 그러나 한국 사람들은 이렇게 외치면서 격렬하게 반대할지도 모른다. "사회적 존경을 분배한다고? 그딴 거 필요 없어. 돈으로 줘!"

가짜 존경을 분별하기

돈에 향한 병적인 욕망과 집착에 사로잡힌 사람들은 사회적 존경보다 돈의 가치를 훨씬 더 높게 평가하는 경향을 보인다. 한국 사회는 돈이 없으면 생존 불가능하고 돈에 따라 서열이 매겨지기 때문이다. 한국에서 돈이 없으면 굶어 죽는다. 자기보다 높은 서열 사람에게 차별, 무시, 학대를 당하며 살아야 한다. 돈이 있어야 살 수 있고, 돈이 많으면 서열이 높아져 사회적 존경을 받을 수도 있다. 물론 이 존경은 진정한 존경이라기보다 높은 서열을 향한 두려움, 부러움이 섞여 형성된 가짜 존경이다. 그러나 '물질적 부가 사회적 지위를 부여하고 그에 따라 사회적 존중과 인정이 위계적으로 분배되는'[35] 병적 신자유주의 사회 한국에서 사회적 기여도에 기초한 진짜 존경을 받는 것은 거의 불가능하다. 이 때문에 한국인은 돈을 많이 벌어 가짜 존경이라도 얻으려 한다. 돈만 있으면 존경은 자연히 따라오기 마련이라고 믿는 것이다.

자본주의 사회, 즉 돈이 인간 위에 군림하는 사회에서는 돈으로 모든 것을 살 수 있다. 물건뿐 아니라 자유, 권리, 권력도 말이다. 자본주의 사회에서 돈은 단순한 물질적 부가 아니라 '모든 것'이다. 법학자 김도균은 다음과 같이 말했다.

> 돈을 가지면 여타의 사회적 재화, 이를테면 정치 권력과 교육 기회 등도 장악하게 되는 사회에서는 돈이라는 사회적 재화에 담긴 분배 기준이 여타 모든 재화의 분배를 지배하는 독점적 분배 기준의 지위를 차지하게 된다. 돈이 시장 영역에서 통용될 때에는 문제가 없었는데, 정치 권력이나 교육자원 영역의 분배 원칙으로 군림하면 부정의가 발생한다.[36]

돈으로 권력까지 살 수 있는 사회, 돈이 권력과 비례하는 사회에서 돈을 차등적으로, 그것도 격차가 심하게 분배하는 일은 정의롭지 않다. 왜냐하면 단지 물질적 부를 차등 분배하는 것이 아니라 자유, 권리, 권력을 차등 분배하는 것이기 때문이다. 다소 과장되게 비유를 하자면 사람들에게 1인 1표씩 투표권을 주는 것이 아니라 불평등하게 주는 것과 동일하다. 생존에 필요한 물질적 부를 모두에게 기본적으로 나누어 준 뒤, 사회적 기여도에 따라 존경을 분배하는 일은 정의에 부합한다. 그런 분배는 권력을 차등 분배하는 것, 즉 권리나 권한의 불평등과 무관하기 때문이다. 반면 사회적 기여도에 따라 돈을 차등 분배한다면, 즉 기본적인 분배 대상이 돈이라면 이는 정의에 위배된다. 권리나 권한의 불평등을 초래하기 때문이다. 돈이 인간 위에 군림하는 자본주의 사회를 그대로 두고 정의를 실현하고 싶다면, 생존을 보장하기 위한 분배를 우선시해야 한다. 기본소득제처럼 말이다. 그런 다음 나머지 분배에서 분배의 기본 대상은 돈이 아닌 사회적 존경으로 하는 것이다. 만일 지금의 자본주의 사회에서 이것이 불가능하다면, 새로운 사회로 개혁하는 데 적극적인 관심을 가져야 한다.

자본주의 사회는 사회적 존경이 아닌 돈을 분배하는 사회고, 돈의 차등 분배는 필연적으로 자유, 권리, 권력의 불평등으로 이어진다. 다시 강조하지만 자본주의 사회에서 정의는 분배 원칙이나 기준을 정하는 것보다 결과의 불평등 문제를 해결하는 것에 의해 좌우된다.

정의로운 사람이 존경받는 사회

사람의 가치가 돈에 의해 결정되는 사회는 정의롭지 않다. 사람을 돈에 따라 서열화하고 차별하는 사회는 정의롭지 않다. 개인 간 생존경쟁과 서열경쟁으로 인간이 파괴되는 사회는 정의롭지 않다. 사람들이 서로 사랑하고 위하며 살아가지 않고 서로 경계하고 공격하면서 불행하게 살아가는 사회는 정의롭지 않다. 돈이 거의 유일한 분배 대상인 사회는 정의롭지 않다.

정의로운 사회는 돈이 아닌 사회적 기여도에 따라 사람의 가치를 공정하게 평가한다. 정의로운 사회는 서열이 폐지되어 사람들이 서로를 평등하게 대하면서 존중하는 사회다. 정의로운 사회는 단결과 협력으로 사회가 발전하고 인간성이 한껏 고양되는 사회다. 정의로운 사회는 사람들이 서로 사랑하고 위하며 행복하게 살아가는 화목한 사회다. 정의로운 사회는 돈이 아닌 존경을 분배하는 사회다.

존경을 분배하는 사회는 사람의 가치를 사회적 기여도에 따라 공정하게 평가하고 가치가 더 높은 사람에게 더 많은 존경을 분배한다. 이런 사회에서도 사회에 공헌한 사람에게 존경뿐 아니라 물질적 부를 상으로 주어야 할 것이다. 그러나 어디까지 분배 대상의 기본은 존경이어야 하고, 물질적 부나 돈은 부차적이어야 한다.

사회가 착한 사람, 정의로운 사람을 높게 평가하고 그런 사람을 존경하는 것에 불만을 가질 사람은 아무도 없다. 존경의 차등 분배는 인간관계의 불평등과 무관하다. 존경을 많이 분배받는 모범적인 인물은 그 존재만으로도 단결의 구심점을 제공해 사회발전을 추동하며, 사회적으로 선과 정의를 장려한다. 존경의 공정한 차등 분배는 물질적 부의 차등 분배와 다른 셈이다.

정의로운 사회이자 존경을 분배하는 사회는 사람이 궁극적으로 돈에서 해방된 사회다. 돈은 사람이 필요해서 만든 것이다. 그러나 자본주의 시대에 들어서면서 사람과 돈의 관계는 완전히 역전되었다. 사람이 필요해서 만든 돈이 사람 위에 군림하는 부정의한 세상이 된 것이다. 돈이 사람의 주인이 된 사회, 사람이 돈의 노예가 된 사회는 정의롭지 않다. 사람이 주인의 지위를 차지하는, '사람이 먼저인 세상'이 정의로운 사회다.

돈에서 해방되어 참된 사회적 존재가 된 사람에게 가장 중요한 것은 타인으로부터 존경받는 것이다. 이는 사회적 존재인 인간의 본성적 요구이다. 따라서 정의로운 사회에서 존경이 기본적인 분배 대상이 되는 것은 인간 본성의 요구에 전적으로 부합하는 당연한 현상이라 할 수 있다.

9장

우리에겐

기본소득이 필요하다

한국 사회에서 분배 정의를
실현하기 위한 조건

가장 원론적이고 본질적인 질문을 던지며 이 장을 시작하고 싶다. 정의란 무엇인가? 지금까지 살펴보았듯 정의의 내용은 매우 다양하지만, 그 본질은 사람들의 요구와 이해관계를 공정하게 조절하는 것이다. 즉 어떤 사람에게는 이익을 주고 다른 사람에게는 손해를 주지 않도록 사람들의 요구와 이해관계를 공정하게 조절하는 것이 정의이다.

정의란 무엇인가

정의가 무엇인지 좀 더 정확하게 이해하기 위해서 정의의 기원부터 살펴보자. 정의는 후기 원시공동체 사회로부터 발생했다. 처음 정의는 평등, 이익이 침해당하면 취하는 정당한 복수와 동일시되었다. 생산력이 낮았던 원시공동체 사회에서는 물질적 부를 균등하게 분배하는 것이 가장 중요한 문제였다. 사냥해서 고기를 얻으면 이를 공동체 구성원에게 평등하게 분배하는 것이 제일 중요했던 셈이다. 이 때문에 원시공동체 사회의 사람들은 물질적 부의 균등한 분배를 정의로 이해했다. 이 전통은 고대까지 이어졌다. 고대 그리스 사회에서 정의의 여신을 상징하는 물건으로 저울을 사용했던 것을 통해 이를 확인할 수 있다.

인류 사회가 발전하며 정의는 단순히 물질적 부의 분배뿐 아니라 사회정치적 문제까지 포괄하게 된다. 일부 철학자는 사회의 법을 지키는 것이 정의고, 이를 어기는 것이 부정의라고 주장했다. 이는 정의가 사회정치적 측면으로 확장되었다는 것을 보여준다. 그럼에도 정의론 대부분은 여전히 물질적 부의 분배, 즉 정의의 경제적 측면에만 매몰되어 있다. 대부분의 정의론이 현대적 정의론이 아니라 원시공동체적 정의론에 머물러 있다고 보는 근거가 여기에 있다.

정의는 본질적으로 인간 본성 실현이다. 인간 본성, 혹은 인간 존엄성을 고수하고 이를 실현하는 것이 정의라면 인간 본성을 침해하는 것이 부정의다. 인간 본성을 침해하는 부정의에 투쟁하는 것 역시 정의다. 계급사회에서 인간 본성을 짓밟는 지배층과 그들의 행위는 부정의하다. 민중은 이에 반해 자유, 평등, 사랑, 화목처럼 인간 본성에서 우러나오는 필수적 요구나 가치를 실현하기 위해 싸운다. 이것이야말로 정의다. 정의론이 중시하는 분배 정의는 인간 본성을 실현하기 위한 전제에 가깝다.

정의는 윤리학적으로 올바르고 공정하다는 뜻이다. '공정'은 정의의 도구적 개념 혹은 하위 개념이다. 정의를 위한 수단이나 도구인 셈이다. 공정이 형용사로 사용될 수 있는 것은 이 때문이다. 상거래를 할 때 상대가 가격을 속이면 우리는 이를 불공정한 거래라고 하지, 부정의한 거래라 말하지 않는다. 윤석열 일당이 내란을 일으켰을 때 우리는 이 행위가 정의롭지 않다고 말했지, 불공정하다고 말하지는 않았다. 공정이 개인 간 관계처럼 좁은 범위에서 통용되는 개념이라면, 정의는 사회처럼 큰 범위에서 통용되는 폭넓은 개념이다.

공정은 정의를 대체할 수 있는 개념이 아니다. 한국 사회가 정의보다 공정이라는 말을 선호하게 된 이유는 공정의 개념이 확장되어서라기보다 사람들이 정의를 기피하거나 포기해서다. 정의의 본질은 이해관계의 공정한 조절이다.

호혜적 정의는 받은 대로 돌려주는 정의다. 이를 상호주의나 사회계약 원칙이라고도 한다. 즉 상대가 나한테 밥을 사주면 나도 상대에게 밥을 사주고, 상대가 내 물건을 빼앗으면 나도 그의 물건을 빼앗거나 보상을 받는 것이 호혜적 정의인 셈이다. 호혜적 정의의 목적은 서로의 이해관계를 공정하게 조절하는 것이다. 나와 상대방 사이 이익과 손해가 한쪽으로 치우치지 않도록 조율하는 것이다.

교정적 정의는 누군가로부터 발생한 이익이나 손해를 공정하게 조절하는 정의다. 응보적 정의, 보상적 정의라고도 부른다. 누군가가 교통사고로 상대방에게 손해를 입혔다면 그가 입은 손해를 보상해 쌍방의 요구와 이해관계를 공정하게 조절하는 것이 정의인 셈이다.

'가장 일반적인 의미에서 정의란 사회 구성원에게 재화나 부담을 분배하는 공인된 방식이나 원칙을 의미한다'[37]는 말에서도 알 수 있듯, 분배 정의의 본질 역시 이해관계를 공정하게 조절하는 데 있다. 사회 구성원에게 이익과 손해를 공정하게 분배하는 것이 정의의 중점이다.

인간다운 생활을 하는 최소한의 기반

논의를 종합해 오늘날 한국 사회에서 분배 정의를 실현하기 위한 고민을 시작해 보자. 여기에는 다음과 같은 원칙이 포함되어야 한다.

첫째, 사람의 살 권리, 생존권은 분배 대상에 포함될 수 없다. 즉 국가는 기본소득이나 최저생계비 제도 등을 통해 국민의 생존에 필요한 물질적 부를 최우선으로 분배해야 한다.

둘째, 한국 사회는 현실적으로 가능하지 않은 분배 원칙에 합의하려고 다툴 것이 아니라 결과의 불평등을 교정하기 위한 부의 재분배에 총력을 집중해야 한다. 한국 사회에서 부의 불평등은 권력의 불평등으로 이어지며, 결과의 불평등은 인간관계의 불평등과 부정의를 강제한다. 따라서 결과의 불평등은 반드시 교정되어야만 한다.

셋째, 전 국민의 생존권을 보장하는 조건에서 차등 분배를 허용하되 인간관계가 악화되지 않도록 격차를 억제해야 한다. 인간관계, 특히 개인 간 인간관계가 악화되면 궁극적으로는 사회가 붕괴한다. 차등 분배의 격차에 적절한 제한이 있어야 하는 이유가 여기에 있다.

넷째, 차등 분배의 분배 대상을 돈이 아니라 사회적 존경으로 바꿔 나가야 한다. 이를 위해서 앞의 세 조건이 우선 실현되어야 한다.

국가나 사회가 정의롭지 않다면 그것이 교정 정의든, 분배 정의든, 관계 정의든 정의를 실현하기란 매우 어렵다. 따라서 현시점에서 가장 중요한 과제는 한국 사회를 정의로운 사회로 개혁하는 것이다.

인류가 공멸의 길에서 빠져나와 화목한 사회로 나아가려면 반드시 정의를 실현해야 한다. 정의로운 사회에 대해 논하려면 민주주의를 언급하지 않을 수 없다. 한국은 얼마 전 내란을 제압한 뒤 완전한 내란 종식을 향해 나아가고 있다. 국민이 골고루 누려야 할 권력을 극소수가 독점하는 문제를 해결하기 위해 개혁을 추진하는 과정에 있다. 오늘날에는 국제적 정의의 중요성이 더욱 부각되고 있다. 미국은 내부 모순을 외부로 전가하기 위해 제국주의 국가의 본성을 노골적으로 드러내는 중이다. 이에 미국을 중심으로 하는 제국주의 세계질서에 맞서 다극화 세계를 지지하는 국가들이 정의로운 세계를 건설해야 한다고 목소리를 높이는 상황이다. 국가 관계에서 정의를 실현하는 것이 중요한 과제로 제기된 셈이다.

이러한 대내외적 상황은 어쩌면 우리 한국 사회를 근본적으로 개혁할 수 있는 절호의 기회가 될 수 있다. 한국이 정의로운 사회로 나아가기 위해서는 우선적으로 국가가 개인의 생존을 책임지고 보장하는 사회, 그리고 단결과 협동의 방식으로 운영되는 사회가 되어야 한다.

대한민국 헌법 제34조의 1항과 2항은 다음과 같다.

1) 모든 국민은 인간다운 생활을 할 권리를 가진다.
2) 국가는 사회보장, 사회복지의 증진에 노력할 의무를 진다.

대한민국 헌법은 '인간다운 생활을 할 권리'를 보장한다. 이는 한국인뿐 아니라 인류가 멋 옛날부터 인정했던 '사람의 살 권리'를 계승하는 개념이다. 과거 한국 사회는 생산력이 턱없이 부족해 국가가 국민의 생존을 책임져야 한다는 목표를 미룰 수밖에 없었다. 나눠야 하는 전체 부의 양이 너무 작아 이상사회 건설은 먼 미래의 과제로 여겼던 셈이다. 그러다 보니 일단 돈을 많이 벌어야 한다는 지배층의 주장이 설득력을 가졌다. 하지만 오늘날 한국은 마음만 먹으면 국가가 모든 국민의 생존권을 보장할 수 있을 정도로 발전했다.

세계를 기준으로 보더라도 오늘날 인류가 벌어들이는 부의 총량은 이상사회를 건설하기 충분하다. 예를 들면 미국, 러시아, 베트남처럼 식량을 과잉 생산하는 나라가 식량부족 국가에게 인도적 차원에서 식량을 지원한다면, 지구촌 식량부족 문제는 얼추 해결될 것이다. 농업생산력은 그 정도로 발전했다. 문제는 거대한 부를 극소수가 독점하는 부정의한 사회를 개혁하지 못하고 있는 점이다. 국제구호기구

옥스팜의 2017년 보고서에 의하면 8명의 슈퍼 리치Super Rich가 전 세계 하위 36억 명의 재산을 합친 것보다 많은 재산을 보유하며, 상위 1% 부자의 재산이 나머지 99% 인류의 재산을 다 합친 것보다 2배 이상 많다. 양극화는 코로나 사태를 거치면서 더욱 심해졌다.

오늘날 인류가 고난과 불행을 강요당하는 이유는 생산력이나 과학기술이 발전하지 못해서가 아니다. 인류가 축적한 거대 부를 극소수가 독점하고 있어서다. 개인 간 경쟁을 강요하는 낡고 반인간적인 사회제도를 붙들고 있어서다. 만일 인류가 불평등 문제를 해결하고 단결과 협력을 장려하는 사회제도를 선택하여 정의를 향해 나아간다면 모두에게 인간답게 생활할 권리가 보장되는 새 시대를 열 수 있다.

최근 국가가 모든 국민에게 인간다운 생활을 할 권리를 보장해야 한다는 헌법정신을 한국에서 구체적인 목표와 정책으로 실현하고자 노력했던 정치인은 이재명 대통령이다. 그는 성남시장 시절 기본소득을 한국 사회의 화두로 부상시켰다. 지난 대통령 선거에서는 기본사회가 한국 사회가 나아갈 방향이라 말했다. 그가 말하는 기본사회란 국가가 모든 국민에게 헌법이 말하는 생존권을 책임지고 보장하는 사회다. 기본사회로 나아가기 위한 출발점은 기본소득이다. 기본소득제는 개인이 인간다운 생활을 할 수 있을 정도의 돈을 국가가 국민 모두에게 지급하는 제도다.

기본소득은 개인이 인간답게 생활할 수 있도록 하는 최소한의 담보물이다. 국가는 국민 세금으로 도로, 상하수도, 항만, 학교, 병원, 공원 같은 사회기반시설을 건설한다. 사회기반시설은 국가의 경제, 사회, 문화 활동의 기반이 되기 때문이다. 국민은 국가가 사회기반시설을 건설하기 위해 세금을 사용하는 일이 당연하다고 생각한다. 기본소득은 국민이 인간다운 생활을 하는 데 필요한 최소한의 기반을 국가에서 제공하는 정책이다. 기본소득은 사회기반시설을 제공하는 것처럼 개인의 유지, 발전을 위해 인간기반시설을 제공하는 제도다.

사람은 인간다운 생활을 하지 못하면 역량이 파괴될 뿐 아니라 사회적 존재로서 생존할 수 없다. 사회기반시설이 없으면 사회가 정상적으로 유지될 수 없듯, 인간기반시설인 기본소득이 없으면 인간이 정상적으로 살아갈 수 없다. 인간이 정상적으로 살아가지 못한다면 사회도 정상적으로 유지될 수 없다. 기본소득이 없으면 인간이 파괴될 수도 있고 그 결과 사회가 붕괴할 수도 있다. 소극적으로 말하자면, 기본소득은 국가, 사회의 붕괴를 막는 최소한의 기반이다.

기본소득이
공동체를 복원한다

기본소득은 생존권을 권리로 간주해 이를 분배 대상에 포함하지 않아 부를 정의롭게 분배한다. 앞서 예로 든 드라마 〈오징어 게임〉에 비유해 다시 설명하면 다음과 같다. 사람이 인간다운 생활을 위해 필요한 돈이 5천만 원이라면, 게임 참가자 456명 모두에게 무조건 5천만 원을 분배한다. 그런 다음 남은 돈을 사회적으로 합의한 분배 원칙에 기초해 분배한다. 기본소득이 제공되면 게임 참가자는 게임에서 탈락하더라도 생존에 지장이 없으므로 불안에 시달리지 않게 된다. 그 결과 게임 참가자들은 서로 적대시하기보다 존중하면서 게임을 할 수 있기에 인간관계가 크게 호전될 것이다. 기본소득제를 실시하면 한국 사회 전반에 걸쳐 이런 긍정적인 결과가 초래될 것이다.

정의의 관점에서 기본소득은 특히 중요한 의미를 가진다. 기본소득은 정의의 필수조건이기 때문이다. 이것은 크게 세 가지 의미로 이야기할 수 있다.

첫째, 기본소득으로 부정의와 악에 저항할 수 있다. 드라마 〈폭싹 속았수다〉에서 오애순 가족이 생존 위기에 처했던 이유는 단순히 경제적 문제 때문이 아니다. 이는 정의와 관련 있다. 오애순을 좋아했던 선주 부상길은 질투심에 불타 오애순과 결혼한 선원 양관식을 괴롭힌다. 갑질을 일삼았던 셈이다. 이를 알게 된 오애순이 부상길을 응징하자 앙심을 품은 그는 양관식을 해고해 취업 길을 틀어막았다. 양관식이 취업하지 못하게 되자 오애순 가족은 굶어 죽을 위기에 처한다.

앞에서 언급했듯 오애순 가족이 생존 위기를 이겨낼 수 있었던 것은 주인집 노부부가 매일 식량을 나눠준 덕분이다. 만일 주인집 부부가 식량을 주지 않았다면, 즉 오애순 가족에게 기본소득이 주어지지 않았다면 어떻게 되었을까? 결국 양관식과 오애순 부부가 부상길을 찾아 무릎 꿇고 살려달라고 애원해야 했을지도 모른다. 오애순 부부가 부정의에 굴복하지 않고 굳건히 버틸 수 있었던 것은 이웃들이 그들에게 기본소득을 제공한 덕분이다. 이것은 기본소득이 단순히 생존을 보장할 뿐만 아니라 부정의와 악에 저항할 수 있는 정의의 버팀목 역할을 한다는 것을 명징하게 보여준다.

고립적 생존불안은 21세기형 채찍이다. 과거에 지배층은 국민을 지배하기 위해서 채찍을 휘둘렀다. 80년대까지 한국 지배층은 국민을 통제하기 위해 물리적인 폭력을 사용했다. 군부독재 시절에는 독재정권에 저항하는 사람을 고문으로 굴복시키려 했다. 그러나 한국인은 채찍에 굴하지 않고 용감하게 싸워 군부독재를 끝장냈다. 이것이 가능했던 이유는 당시 사람들 사이 관계가 오늘날에 비해 훨씬 양호하고 공동체가 살아 있어 힘을 합치기가 좋았기 때문이다. 80년대 폭발적인 민주화 투쟁 이후 사회가 민주화되자 지배층은 더 이상 채찍을 사용할 수 없게 되었다. 대신 그들은 채찍보다 더 강력한 통제 수단을 발명했는데 그것이 바로 고립적 생존불안이다. 지배층은 사람들을 개인 단위로 분열시켜 서로 싸우게 만들었다. 고립적 생존불안을 강요해 국민을 더 효과적으로 통제할 수 있게 된 것이다.

2025년을 사는 한국인 대부분은 직장에서 부당한 일을 강요당해도 저항하지 못한다. 직장에서 잘리면 온 가족이 위험해진다는 고립적 생존불안에 압도됐기 때문이다. 때로 여성은 위계를 이용한 성희롱에 제대로 저항하지 못하기도 한다. 그랬다가 밥줄이 끊길 수 있다는 고립적 생존불안에 묶여 있어서다. 한국 영화나 드라마에는 "야, 너는 자존심도 없냐? 어떻게 그런 일을 당하고도 참냐?" "부당한 일인 줄 알면서 왜 지시를 따랐냐?"라는 질타를 받으면 이렇게 대답하는 장면을 흔하게 볼 수 있다. "이번에 딸이 대학에 입학하거든. 등록금이 필요해" "어머니가 중환자실에 계셔서 어쩔 수 없었어" 이런 장면들은 사람들이 고립적 생존불안을 이기지 못해 부정의에 굴복하는 현실을 극명하게 보여준다. 고립적 생존불안은 21세기형 채찍이자 부정의와 악을 상대하는 한국인들의 저항력을 박탈하는 무기가 된 것이다.

둘째, 기본소득은 정의와 선을 장려한다. 고립적 생존불안에 지배당하는 사람들은 이기주의자로 전락하기 쉽다. 기본소득이 있는 사회가 어떤 모습일지에 대해 처음으로 언급했던 토머스 모어는 《유토피아》에서 다음과 같이 말했다.

밥을 먹는 유일한 방법이 도둑질이라면 그 어떤 처벌로도 도둑질을 막을 수 없다. 끔찍한 처벌보다는 모든 사람이 최소한 먹고살게 해주는 것이 훨씬 낫다.[38]

그의 말을 현재 논의에 맞게 수정한다면 다음과 같을 것이다.

밥을 먹을 수 있게 하는 유일한 방법이 부정의와 악이라면 그 어떤 처벌로도 부정의와 악을 막을 수 없다. 끔찍한 처벌보다 기본소득을 주는 것이 훨씬 낫다.

생계를 위해 멸종위기 동물을 사냥하는 밀렵꾼이 있다고 가정하자. 환경보호라는 대의로 그를 설득한다면, 과연 밀렵을 그만둘까? 설사 그만둔다 해도 생계가 막막해진다면 다시 밀렵에 나설 것이다. 이것은 결국 국가가 개인의 생존을 보장하는 사회가 되어야 진정한 환경보호도 성공할 수 있다는 말과 다르지 않다. 마찬가지로 정의는 국가가 개인의 생존을 보장하는 사회에서만 마침내 승리할 수 있다.

이기주의는 삶의 질을 떨어뜨린다

고립적 생존불안은 사람을 이기주의자로 전락시킨다. 이기주의는 삶의 질을 떨어뜨린다. 오늘을 사는 한국인 대부분이 이기주의자가 되었다는 것은 그들이 사익추구형 인간, 생계형 인간, 나아가 부정의에 동조하는 인간이 되었다는 것을 의미한다. 한국인은 전통적으로 공동체를 중시하지 않고 사익만 추구하는 인간, 정의가 아닌 부정의를 선택하는 인간을 질이 낮다고 간주했다. 국가나 사회를 위해 정치하지 않고 사리사욕만 채우려고 하는 부정의한 정치인을 경멸한 셈이다. 그러나 오늘날에는 정치인다운 정치인, 교수다운 교수, 의사다운 의사, 언론인다운 언론인을 찾아보기 어렵다. 정치인은 사익을 위해서 금배지를 달고 언론인은 진실을 파헤치기 위해서가 아니라 돈벌이를 위해서 펜대를 놀린다. 모두 자기 밥그릇을 위해 혹은 더 많은 돈을 위해 질주하는 이기주의자의 사회에서 정치인다운 정치인, 언론인다운 언론인의 씨가 마르는 것은 어떻게 보면 당연하다.

오늘날 한국인 대다수가 이기주의자가 된 것은 무엇보다 고립적 생존불안 탓이다. 이는 그들이 적극적이고 자발적인 이기주의자가 아니라는 것을 의미한다. 평범한 한국인은 그저 살아남기 위해 이기주의를 선택할 수밖에 없었던 비자발적이고 소극적인 이기주의자, 생계형 이기주의자다. 반면 지배층과 엘리트층은 생계형 이기주의자가 아니라 적극적 이기주의자, 극악한 이기주의자다. 한국인들이 이기주의의 덫에서 빠져나와 다시 공동체주의자 혹은 우리주의자[39]가 되어 화목하게 살아가려면 무엇보다 기본소득을 보장해야 한다.

셋째, 기본소득은 결과의 불평등을 교정하는 데 기여한다. 앞에서 결과의 불평등을 용인하고 부의 재분배에 반대하는 것은 정의가 아니라 강조한 바 있다. 결과의 불평등은 단순히 물질적 부의 불평등에 그치지 않고 권력의 불평등, 인간관계의 불평등을 초래해 정의를 짓밟는다. 정의를 수호하기 위해서는 결과의 불평을 교정하는 부의 재분배가 필수적이다. 기본소득제는 돈이 많은 사람에게 더 많은 세금을 거두기 때문에 부의 재분배에 기여한다.

지금까지의 논의는 기본소득 없이 부정의를 막을 수 없다는 것을 여실히 보여준다. 기본소득은 사람들이 정의와 선을 선택할 수 있게, 양심에 따라 정의롭게 살아갈 수 있도록 해준다. 기본소득은 정의와 선의 수호자다.

누가, 왜 기본소득을 반대하는가

한국 사회에는 기본소득을 반대하는 사람들이 있다. 기본소득을 반대하는 일부 주장을 검토해 보자.

첫 번째 주장, 기본소득이 있으면 사람들이 일을 하지 않을 것이다. 한국에서는 단지 자본가계급이나 지배층만이 아니라 일반인들도 "기본소득이 있으면 누가 일을 하겠냐? 그러면 경제가 무너질 것이다"라고 말하곤 한다. 놀랍게도 내가 민주진보세력이나 노동자, 농민 등을 대상으로 강의할 때도 이런 말을 하는 사람들을 자주 접할 수 있었다. 그러나 이는 자본가계급이나 지배층의 논리이자 편견이다.

지배층은 탐욕을 위해 백성을 강제로 노동시키고 착취했다. 노예제 시대의 노예, 봉건제 시대의 농민, 자본주의 시대의 노동자는 힘든 노동에 시달리고 그 대가로 근근이 생계나 유지하는 비참한 삶을 강요당했다. 불평등한 계급사회, 착취사회의 백성은 일을 열심히 하고 싶지 않을 수 있다. 그러나 이는 인간이 천성적으로 게으르거나 도덕적으로 하자가 있다는 뜻이 아니다. 심리학자 에리히 프롬은 '게으름은 비정상적인 것으로서 정신적인 질병의 한 징후'[40]라고 말했다. 인간은 본질적으로 의미 있는 노동을 원하는데, 강제 노동에 대한 반발이자 그로 인한 정신적 질병의 발현 형태 중 하나가 나태함이라는 뜻이다.

과거 지배층은 백성에게 힘든 노동을 강요하기 위해 채찍을 휘둘렀다. 그러나 자본주의 사회는 대체로 민주주의를 표방하기에 예전처럼 물리적인 폭력은 사용하지 못한다. 이에 자본가계급은 더 효과적이고 우회적인 채찍을 발명했는데, 그것이 바로 고립적 생존불안이다. 그런데 기본소득은 고립적 생존불안이라는 21세기의 채찍을 무력화한다. 기본소득이 있다면 자본가계급이 사람들에게 힘든 노동을 강제할 수 없다. 사람들을 마음대로 지배하거나 복종시킬 수 없게 되는 셈이다. 이들이 기본소득을 격렬하게 반대하는 까닭이 바로 이 때문이다.

기본소득으로 사람들이 고립적 생존불안에서 해방되면 일에 대한 동기가 사라질 것이라는 주장은 지배층의 '자본주의적 인간관'에 기초하고 있다. 자본주의적 인간관이란 통속적으로 말하자면 '인간 개돼지론'이다. 즉 인간은 '근본적으로 게으르고, 선천적으로 수동적이며, 물질적 이익이나 굶주림이나 징벌의 공포라는 자극을 받지 않는 한 어떤 일도 하려 들지 않는다'고 보는 것이다.[41] 인간을 매 맞아야 일을 하는 나태한 개돼지로 본다는 뜻이다. 그러나 인간은 매를 맞지 않아도, 굶주리지 않더라도 열심히 노동할 수 있다. 사실은 그래야만 진짜로 열심히 일할 수 있는 존재다. 이것은 사회안전망이 상대적으로 촘촘한 북유럽 나라의 노동생산성이 한국보다 더 높은 것만 보더라도 알 수 있다.

노동자의 의욕을 촉진하기 위해서는 사회를 근본적으로 개혁해 즐거운 노동을 할 수 있는 건전한 사회로 만들어야 한다. 사람이 채찍질을 당하면서 일하는 사회, 채찍에 맞아야만 열심히 노동하는 사회는 지속가능하지 않다. 그런 사회는 결국 인간을 파괴할 것이다. 사회를 개혁하지 못한다면 경제 성장도 더 이상 불가능하다. 오늘날 경제는 혁신과 창의성에 기반해 발전하는 경제이기 때문이다. 이와 관련해 심리학자 에리히 프롬은 기본소득이 실시되면 초기에는 약간의 부작용이 있을 수 있겠지만, 그 부작용이 '단기간 내에 사라질 것'으로 예측했다.[42] 그의 예측처럼 기본소득은 사회를 크게 바꿔 경제 성장을 촉진할 것이다.

기본소득은 불로소득인가

두 번째 주장으로 넘어가자. 불로소득이라서 기본소득을 반대한다는 주장이다. 자본가계급이나 지배층은 "일을 안 하는 사람한테 왜 돈을 주냐? 불로소득인 기본소득을 반대한다"라고 목청을 높인다. 사실 그들은 불로소득을 운운할 자격이 없다. 불로소득의 최대 수혜자이기 때문이다. 누군가에게 불로소득을 허용하고 누군가에게 금지하는 것은 정의에 위배된다. 극단적으로 말해 정의를 위해서라면 부동산으로 불로소득을 취득하는 것을 금지해야 하며, 주식시장 역시 폐쇄해야 할 것이다.

이를 논외로 하더라도, 다음과 같은 문제가 남는다. 지배층이 일하지 않는 사람에게는 절대 돈을 주면 안 된다고 믿는다면, 그들은 자기 가족 중 돈을 벌고 있지 않은 사람에게 밥이나 용돈을 주지 말아야 한다. 노동력을 상실한 노부모나 아직 일을 하지 않고 있는 어린 자식에게도 용돈을 주지 말고 방치하는 행위가 그들의 주장에 부합하는 셈이다. 그러나 기본소득을 한사코 반대하는 자본가계급이나 지배층도 일하지 않는 가족의 생존을 보장한다. 그들에게 기본소득을 보장하는 셈이다. 왜 그렇게 하느냐고 묻는다면 그들은 아마 "내 가족이니까!"라고 대답할 것이다. 노동하든 아니든 생계책임자가 모든 가족 구성원의 생존을 책임지고 보장하는 이유는 그들이 자신과 함께 살아가는 가족이어서다. 기본소득은 바로 이런 관점에서 시작됐다. 사회 구성원을 자신과 함께 살아가는 존재, 공존의 대상으로 본다면 사회는 당연히 모두의 생존을 보장해야 한다.

만일 내가 타인을 경쟁 대상으로만 본다면 그들의 생존권에 반대할 것이다. 하지만 내가 이웃의 생존권을 부정하는 것은 곧 이웃이

나의 생존권을 부정하는 것과 같고, 사람들이 서로를 공존의 대상으로 여기지 않는다는 것을 의미한다. 타인과 공존을 거부하는 반사회적인 사람이 모인 사회는 붕괴할 수밖에 없다. 기본소득은 사람이 서로를 함께 살아가는 이웃, 화목하게 지내야 할 가족으로 대하며 사이좋게 살 수 있는 길을 연다. 사회의 지속가능성을 보장하는 셈이다.

기본소득을 반대하는 세 번째 주장은 기본소득제는 실질적으로 실행 불가능하다는 주장이다. 기본소득의 취지에는 동의하지만, 돈이 없어서 불가능하다 말하는 이들이 있다. 이런 말을 하는 사람은 과연 기본소득에 진심으로 찬성하는 것일까? 아니면 기본소득을 반대하기 위해서 돈을 핑계 삼은 것일까?

돈을 빌려주기 싫은 사람 중에는 솔직하게 빌려주기 싫다고 말하지 않고 돈이 없어서 못 빌려준다고 말하는 이들이 있다. 그렇게 말해야 상대방한테 매정하다는 비판을 받지 않을 수 있기 때문이다. 기본소득을 공개적으로 반대하면 곤란한 위치에 놓일지도 모른다고 생각한 일부 지배층은 흔히 재정이 없어서 기본소득제도를 실행할 수 없다고 말한다. 그러나 이 세상에는 돈이 없더라도 반드시 해야만 하는 일들이 있다. 사람을 살리는 일이 그렇다. 어떤 이의 가족 중 한 명이 중병을 앓는다고 가정하자. 그는 가족을 위해 돈 한 푼 벌어오지 못한다. 철저하게 이윤을 기준으로 판단할 경우, 그를 그냥 죽게 두는 게 합리적이다. 반면 사람을 중심에 두고 판단하면 얼마가 들더라도 그를 살려내야만 한다.

기본소득은 경제적 측면에서 보더라도 전체 사회에 크게 이익이 되는 제도다. 기본소득은 죽어가고 있는 한국 사회를 살려내는 생명수 역할을 할 것이다. 그러므로 기본소득을 경제적 여유가 없으면 하지 않아도 되는 것쯤으로 간주해서는 안 된다. 기본소득이 병든 한국 사회를 치유할 수 있고, 국민 다수를 끔찍한 고통에서 해방할 수 있다. 기본소득은 지금 당장 무조건 시작해야 한다.

모두가 기본소득의 의의에 공감하고 마음을 합친다면 기본소득을 시행할 수 있는 돈은 능히 만들 수 있다. 국민적 합의가 이루어지고 이를 실현하려는 의지만 굳건하다면 필요한 재정을 확보하기 위해 사회를 근본적으로 개혁하는 데 모두가 찬성할 것이기 때문이다. 기본소득에 대한 논의에서 예산과 관련된 이야기는 부차적인 셈이다.

자유를 담보하는 최소한의 장치

기본소득은 단순히 생존권을 보장하는 제도가 아니다. 기본소득은 자유를 담보하는 최소한의 장치다. 1944년 루스벨트 대통령은 미국적 복지국가 정책강령을 발표하면서 이를 '경제의 권리장전'이라고 불렀다. 복지제도가 보장하는 생존권이 '개인의 진정한 자유'를 위해 꼭 필요하며, '가난한 사람은 자유롭지 못한 사람'이라고 말하기도 했다.[43]

고립적 생존불안에 시달리는 사람이 누릴 수 있는 자유란 극히 제한될 수밖에 없다. 그는 일단 직업 선택의 자유를 누릴 수 없다. 자신이 원치 않는 직업일지라도 돈을 벌기 위해 받아들여야만 하기 때문이다. 그는 인간관계의 자유도 누릴 수 없다. 고용주에게 머리를 숙이지 않으면 해고당할 수 있기 때문이다. 기본소득은 단지 생존권을 보장하는 것에 그치지 않고 인간이 누려야 할 여러 권리를 누릴 수 있도록 보장한다. 바꿔 말하면 기본소득 없이 자유를 비롯한 여러 권리를 정상적으로 향유할 수 없다.

과거에는 모두가 공중화장실에 휴지가 없는 것을 당연하게 여겼다. 사람들은 화장실에 가기 전 부랴부랴 휴지부터 챙겨야만 했다. 요즘에는 대부분 공중화장실에 휴지가 비치되어 있고, 휴지가 있는 공중화장실을 마땅히 자신의 권리로 여기게 되었다. 지금은 공중화장실에 휴지가 없으면 당당하게 항의할 수 있다. 과거의 한국인은 공중화장실의 휴지를 권리로 인식하지 못했지만, 이제는 이를 권리로 인식하게 된 셈이다.

기본소득은 헌법이 보장하고 있는 '인간답게 생활할 권리', 곧 생존권을 최소한으로 담보하는 제도다. 여태까지 한국인은 생존권이 자신의 권리임을 자각하지 못해 당당하게 요구하지도 못했다. 이제 달라져야 한다. 생존권이 인간의 양보할 수 없는 권리라고 당당히 주장해야 하는 시대가 왔다. 한국인은 인간의 살 권리를 절대적인 권리로 여겨온 민족이다. 과거 서울에서 무상급식 논쟁이 있었을 때 무상급식 반대자는 현재 기본소득에 반대하는 이들이 펼치는 것과 유사한 논리를 펼쳤다. 하지만 당시 서울시장이었던 오세훈은 무상급식을 반대하기 위해 시장 직을 걸었다 낙마했으며, 2025년의 한국인은 무상급식을 당연한 것으로 여기고 있다. 기본소득 역시 그렇게 될 것이다.

기본소득은 사람을 고립적 생존불안으로부터 해방시킬 수 있지만, 그것만으로 생존권이 온전히 보장된다 할 수 없다. 이재명 대통령은 민주당 대표 시절 2022년 9월 국회 교섭단체 대표 연설에서 '산업화 30년, 민주화 30년, 기본사회 30년'이라고 말했다. 산업화 30년과 민주화 30년을 거쳐온 한국 사회가 앞으로 나아갈 방향이 기본사회라고 주장한 것이다. 2022년 유력 대권주자였던 이재명 대통령은 다시 기본사회를 언급하면서 이를 '기본적인 삶이 보장되는 사회'로 정의했다. 사단법인 기본사회 편집위원회가 출간한 《기본사회가 꿈꾸는 세상》은 기본사회를 다음과 같이 설명하고 있다.

> 기본사회란, 기본소득과 기본서비스를 결합하여 국민이 삶의 불안을 덜고 자유롭게 자신의 삶을 설계할 수 있는 사회를 의미합니다. 기본소득은 모든 국민에게 소득을 보장해 기본적인 생계를 유지할 수 있도록 하며, 기본서비스는 주거, 의료, 교육, 통신, 금융, 돌봄, 문화, 식품 등의 필수적인 영역에서 국가가 책임을 지고 제공하는 체제를 말합니다. 이를 통해 우리는 불평등을 해소하고, 공정한 출발선을 제공하며, 더 나아가 지속가능한 사회적 구조를 마련할 수 있습니다.

… 기본사회는 모든 국민이 존엄하게 살아갈 수 있는 사회적 토대를 만드는 데 그 목적을 두고 있습니다.[44]

기본소득제는 정의로운 사회로 나아가기 위한 첫 단추다. 한국은 이제야말로 기본소득을 넘어 기본사회로 나아가야 한다.

에필로그

사람들이 악해서 서로를 죽이는 오징어 게임을 할까?

상당수 한국인은 언젠가부터 인간이 악하다고 믿으며, 사람들이 서로 치고받으면서 삭막하게 살아가는 것을 당연하게 여기게 됐다. 그러나 태어날 때부터 선하거나 악한 사람은 없다. 어떤 사회에서 태어나 어떤 경험을 하면서 성장하느냐에 따라 사람은 선인이 될 수도 있고 악인이 될 수도 있다. 철학자 칸트는 《영구평화론》에서 "좋은 제도는 도덕성에서 유래하는 것이 아니다. 오히려 그 역으로 좋은 국가체제 아래에서만 국민의 훌륭한 도덕성이 기대된다"[1]라고 말했다. 사람은 본성적으로 친사회적인 존재이니, 사회가 병들지 않는 한 사람은 악해지지 않는다는 뜻이다.

2021년 10월, 한국에 파견된 미국 외교 관료들은 본국의 대외정책 구상을 돕기 위해 미국 국무부로 외교문서를 보냈다. 이들이 한국 사회를 이해하는 데 도움이 될 것으로 판단해 채택한 소재는 드라마 〈오징어 게임〉이었다. 문서는 〈오징어 게임〉의 암울한 줄거리는 한국인 대다수가 느끼는 절망감, 그중에서도 특히 취직, 결혼, 계층 이동이 좌절된 청년 세대의 절망감을 반영한다고 설명한다. 거대 양당의 유력 대선후보 두 명이 모두 '공정'하고 '정의로운' 사회를 만들겠다고 외치는 것이 청년 세대의 냉소만 부추기고 있다는 지적이다.[2] 미국 외교관료의 해석이 옳은가와는 별개로 그들이 한국 사회를 이해하기 위한 소재로 드라마 〈오징어 게임〉을 선택한 것은 정확한 판단이라는 생각이 든다.

드라마 〈오징어 게임〉은 보는 이에게 묻는다. "사람들이 악해서 서로를 죽이는 오징어 게임을 할까? 아니면 오징어 게임을 강요당해 사람들이 서로를 증오하고 죽이게 된 걸까?" 드라마 〈오징어 게임〉에는 상우라는 인물이 등장한다. 그는 이 드라마에 등장하는 인물 중 최고 악인이다. 오징어 게임이 잠시 중단되어 사회로 돌아왔을 때, 그는 옆에 있던 외국인 이주노동자 알리가 차비가 없어 집까지 걸어가야 한다고 말하자 지갑을 열어 그 안에 있던 모든 돈을 꺼내 주었다. "택시 타고 가라"면서. 상우도 이 정도의 인간성은 가졌다. 그러나 오징어 게임이 재개되자 그는 주저 없이 알리를 속여 그를 죽게 만든다. 사람은 원래 악한 존재가 아니다. 만일 사람이 악하다면 그것은 사회가 악해서이다. 드라마 〈오징어 게임〉은 이런 진실을 생생하게 묘사한다.

단결과 협력은 인간 고유의 생활방식

인간관계의 갈등을 좋아하는 사람이 있을까? 사람은 갈등과 다툼을 좋아하지 않는다. 이는 기득권층도 마찬가지다. 적어도 자신과 가까운 사람을 상대로 다투기를 바라지 않는다. 사람이 바라는 것은 사랑과 협력이다. 그런 삶이 현실에서 불가능하다고 여겨 다들 포기하고 있을 뿐, 사람은 누구나 사랑하고 협력하는 삶을 원한다. 또한 그렇게 살아갈 때 비로소 사람은 정신건강을 유지하고 행복해질 수 있다.

갈등과 다툼으로 점철된 삶을 견뎌낼 수 있는 사람은 없다. 이제는 우리 모두 단호하게 이 질문을 던져야 할 때가 되었다.

"왜 우리는 서로를 증오하고 싸우게 만드는 오징어 게임을 계속하고 있는가? 우리는 과연 그것을 언제까지 견뎌낼 수 있을까?"

나는 이미 한국인이 임계점을 넘어섰다고 확신한다. 한국인은 갈등과 다툼의 삶을 견딜 수 없어 정신이 파괴되고 있고, 자살하고 있으며, 자식조차 낳지 않고 있다. 이 과정에서 온갖 사회악이 창궐해 다시 한국인을 괴롭히는 악순환이 이어진다. 사실 몇 년 전 코로나19 사태는 인류에게 삶의 방식을 바꿀 것을 요구했다고 본다. 그렇지 않으면 환경 재앙이나 사회의 멸망을 막을 수 없다고 경고했던 셈이다. 그러나 인류는 여전히 예전 삶의 방식을 고수하는 중이다.

인류는 먼 옛날부터 단결과 협력을 통해 살아왔다. 물론 지배계급과 피지배계급, 착취계급과 피착취계급 사이 계급투쟁, 집단이나 개인 사이 갈등이 있기는 했지만, 절대다수 민중은 협력을 통해 생존 문제를 해결하고 사회를 발전시켰다. 인류의 삶에서 갈등과 다툼이 삶의 기본 방식으로 굳어진 것은 신자유주의적 자본주의 사회부터인 셈이다.

오늘날 신자유주의는 더 이상 지속 가능하지 않다는 것이 분명하다. 신자유주의 종주국인 미국은 심각한 내부 모순으로 세계 유일패권국의 지위를 상실한 채 급격히 몰락 중이다. 미국은 자국의 심각한 위기를 과거의 동맹국인 한국, 일본, 유럽에 떠넘기기 위해 전 지구적 강도 행각을 벌이고 있다. 정의와 상극인 신자유주의 세계질서는 바야흐로 종말을 고하고 있다. 신자유주의적인 삶이란 개인이 치열한 생존경쟁과 서열경쟁을 벌이면서 서로를 미워하고 공격하게 만드는 반인간적 삶이 아닌가.

인류가 선택해야 하는 삶은 개인이 서열경쟁을 하며 싸우는 삶이 아니라 서로 사랑하며 화목하게 사는 사람다운 삶이다. 서로 갈등하고 다투는 삶의 끝에는 공멸이 기다린다. 인간의 죽음은 단순히 육체적으로 죽는 것만을 의미하지 않는다. 정신이 파괴되거나 인간 본성을 상실하면, 사회적 존재로서의 사람은 이미 죽은 것이나 마찬가지다. 오늘날 한국인은 대부분 육체적으로 살아 있지만 정신적으로 죽어가는 중이다. 한국인, 나아가 인류가 공멸을 피할 방법은 단 하나밖에 없다. 다시 서로 단결하는 것이다. 그 끝에 비로소 공존이 기다리고 있을 것이다.

미주

프롤로그

1. 박원익·조윤호, 《공정하지 않다》, 지와인, 2019, 57쪽.

2. 사단법인 기본사회 편집위원회, 《기본사회가 꿈꾸는 세상》, 밀알, 2024, 141쪽.

3. 박상혁. (2025. 8월 17일). '36분마다 자살'하는 나라… 수십년째 치솟기만 하는 자살률, 자살 방치 사회 〈1편: 망각한 자살률 1위 오명〉 ② 20년째 OECD '자살률 1위', *머니투데이*, https://www.eroun.net/news/articleView.html?idxno=61641

4. 조은결. (2025. 8월 21일). 'OEDC 자살율 1위' 20년… 이재명 "자살은 사회적 재난, 국가가 책임져야", *이로운넷*. https://www.eroun.net/news/articleView.html?idxno=61641

5. 사단법인 기본사회 편집위원회, 《기본사회가 꿈꾸는 세상》, 밀알, 2024, 79쪽.

6. 김비환, 《정의는 불온하다》, 개마고원, 2016, 241쪽.

7. 위의 책, 244쪽.

8. OECD 보도자료 "Korea's increase in suicides and psychiatric bed numbers is worrying, says OECD" 참조.

9. 사단법인 기본사회 편집위원회, 《기본사회가 꿈꾸는 세상》, 밀알, 2024, 85쪽.

10. 이 주제에 대해서는 《가짜 행복 권하는 사회》(김태형, 갈매나무)를 참고하라.

11. 구교운. (2025. 5월 7일). 국민 10명 중 5명 "정신건강 좋지 않다"… 경쟁·성과 강조 때문", *뉴스 1*. https://www.news1.kr/bio/welfare-medical/5774188

12. 이 주제에 대해서는 《한국인의 마음속엔 우리가 있다》(김태형, 온더페이지)를 참고하라.

13. 마이클 샌델, 김명철 옮김, 김선욱 감수, 《정의란 무엇인가》, 와이즈베리, 2014, 10쪽.

14. 이 주제에 대해서는 《한국인의 마음속엔 우리가 있다》(김태형, 온더페이지)를 참고하라.

1부

1   이 주제에 대해서는 《김태형의 교양심리학》(김태형, 서해문집)을 참고하라.

2   박원익·조윤호, 《공정하지 않다》, 지와인, 2019, 25쪽.

3   같은 책, 200쪽.

4   같은 책 27쪽.

5   같은 책, 77쪽.

6   김소현. (2025, 11월 12일). 청년고용 한파 지속… 고용률 줄고 30대 '쉬었음' 인구 역대 최대, 경기일보. https://www.kyeonggi.com/article/20251112580469

7   박정규. (2021년 4월 25일). '공시족', 절반은 직장인… 월 지출 180만원. 뉴시스. https://www.newsis.com/view/NISX20210421_0001414277

8   진명일, 《나를 위로하는 정의》, 박영스토리, 2023, 58쪽.

9   박원익·조윤호, 《공정하지 않다》, 지와인, 2019, 49쪽.

10 같은 책, 59쪽.

11 진명일, 《나를 위로하는 정의》, 박영스토리, 2023, 98쪽~99쪽.

12 박원익·조윤호, 《공정하지 않다》, 지와인, 2019, 206쪽~207쪽.

13 OECD. (2021). Does Inequality Matter?. https://www.oecd.org/en/publications/does-inequality-matter_3023ed40-en.html

14 박원익·조윤호, 《공정하지 않다》, 지와인, 2019, 32쪽.

15 같은 책, 31쪽.

16 박원익·조윤호, 《공정하지 않다》, 지와인, 2019, 16쪽~17쪽.

2부

1   이택광·장정일·이현우·박홍규·노정태·서동진·이권우·최원·이양수·김도균·박원익 《무

엇이 정의인가》, 마티, 2011, 290쪽.

2 김비환, 《정의는 불온하다》, 개마고원, 2016, 168쪽.

3 같은 책, 159쪽.

4 진명일, 《나를 위로하는 정의》, 박영스토리, 2023, 114쪽~115쪽.

5 마이클 샌델, 김명철 옮김, 김선욱 감수, 《정의란 무엇인가》, 와이즈베리, 2014, 244쪽.

6 김도균, 《한국 사회에서 정의란 무엇인가》, 아카넷, 2020, 55쪽.

7 김비환, 《정의는 불온하다》, 개마고원, 2016, 166쪽.

8 김도균, 《한국 사회에서 정의란 무엇인가》, 아카넷, 2020, 64쪽.

9 박원익·조윤호, 《공정하지 않다》, 지와인, 2019, 38쪽.

10 김도균, 《한국 사회에서 정의란 무엇인가》, 아카넷, 2020, 260쪽.

11 김비환, 《정의는 불온하다》, 개마고원, 2016, 59쪽.

12 마이클 샌델, 김명철 옮김, 김선욱 감수, 《정의란 무엇인가》, 와이즈베리, 2014, 36쪽.

13 진명일, 《나를 위로하는 정의》, 박영스토리, 2023, 187쪽.

14 박원익·조윤호, 《공정하지 않다》, 지와인, 2019, 108쪽.

15 카렌 레바크, 이유선 옮김, 《정의에 관한 6가지 철학적 논쟁》, 간디서원, 2006, 74쪽.

16 김도균, 《한국 사회에서 정의란 무엇인가》, 아카넷, 2020, 8쪽.

17 이택광·장정일·이현우·박홍규·노정태·서동진·이권우·최원·이양수·김도균·박원익 《무엇이 정의인가》, 마티, 2011, 250쪽.

18 마이클 샌델, 김명철 옮김, 김선욱 감수, 《정의란 무엇인가》, 와이즈베리, 2014, 361쪽.

19 김도균, 《한국 사회에서 정의란 무엇인가》, 아카넷, 2020, 9쪽.

20 박원익·조윤호, 《공정하지 않다》, 지와인, 2019, 71쪽.

21 같은 책, 79쪽.

22 같은 책, 87쪽.

23 같은 책, 90쪽.

24 같은 책, 146쪽.

25 같은 책, 96쪽.

26 이태윤, (2019, 1월 31일). "20대 남자도 사회적 약자…가부장 문화 혜택 본 건 4050일 뿐". 중앙일보. https://www.joongang.co.kr/article/23338801

27 박원익·조윤호, 《공정하지 않다》, 지와인, 2019, 99쪽.

28 김미향. (2021. 12월 11일). 20대가 말한다, '능력주의'와 '공정'. *한겨레*. https://www.hani.co.kr/arti/society/society_general/1022910.html

29 이 주제에 대해서는 《가짜 행복 권하는 사회》(김태형, 갈매나무)를 참고하라.

30 이택광·장정일·이현우·박홍규·노정태·서동진·이권우·최원·이양수·김도균·박원익 《무엇이 정의인가》, 마티, 2011, 134쪽.

31 박원익·조윤호, 《공정하지 않다》, 지와인, 2019, 186쪽.

32 이 주제에 대해서는 《한국인의 마음속엔 우리가 있다》(김태형, 온더페이지)를 참고하라.

33 박원익·조윤호, 《공정하지 않다》, 지와인, 2019, 248쪽~249쪽.

34 안도 슌스케, 송지현 옮김, 《정의감 중독 사회》, 또다른우주, 2023.

3부

1 김비환, 《정의는 불온하다》, 개마고원, 2016, 25쪽.

2 벤 펜턴, 박정은 옮김, 《공정이란 무엇인가》, 아이콤마, 2023, 12쪽.

3 김비환, 《정의는 불온하다》, 개마고원, 2016, 191쪽.

4 김도균, 《한국 사회에서 정의란 무엇인가》, 아카넷, 2020, 25쪽.

5 사단법인 기본사회 편집위원회, 《기본사회가 꿈꾸는 세상》, 밀알, 2024, 93쪽.

6 벤 펜턴, 박정은 옮김, 《공정이란 무엇인가》, 아이콤마, 2023, 118쪽.

7 김도균, 《한국 사회에서 정의란 무엇인가》, 아카넷, 2020, 122쪽.

8 같은 책, 146쪽.

9 이 주제에 대해서는 《가짜 자존감 권하는 사회》(김태형, 갈매나무)를 참고하라.

10 벤 펜턴, 박정은 옮김, 《공정이란 무엇인가》, 아이콤마, 2023, 101쪽.

11 같은 책, 88쪽.

12 마이클 샌델, 김명철 옮김, 김선욱 감수, 《정의란 무엇인가》, 와이즈베리, 2014, 388쪽.

13 이 주제에 대해서는 《싸우는 심리학》(김태형, 서해문집)을 참고하라.

14 이 주제에 대해서는 《가짜 사랑 권하는 사회》(김태형, 갈매나무)를 참고하라.

15 마이클 샌델, 김명철 옮김, 김선욱 감수, 《정의란 무엇인가》, 와이즈베리, 2014, 387쪽.

16 이 주제에 대해서는 《가짜 자존감 권하는 사회》(김태형, 갈매나무)를 참고하라.

17 김도균, 《한국 사회에서 정의란 무엇인가》, 아카넷, 2020, 123쪽.

18 같은 책, 124쪽.

19 김도균, 《한국 사회에서 정의란 무엇인가》, 아카넷, 2020, 179쪽.

20 이 주제에 대해서는 《싸우는 심리학》(김태형, 서해문집)을 참고하라.

21 *GiveDirectly*. (2024). 12-Year Basic Income Project Interim Results. https://www.givedirectly.org/gdresearch/

22 Akee, R. K. q., Copeland, W. E., Keeler, G., Angold, A., & Costello, E. J. (2010). Parents' Incomes and Children's Outcomes: A Quasi-Experiment Using Transfer Payments from Casino Profits. *American Economic Journal: Applied Economics*, 2(1), 86-115.

23 김도균, 《한국 사회에서 정의란 무엇인가》, 아카넷, 2020, 118쪽.

24 김비환, 《정의는 불온하다》, 개마고원, 2016, 179쪽.

25 김흥수. (2023, 11월 1일). 식약처는 왜 식품위생 위반자에 훈장 췄나, 스카이데일리. https://www.skyedaily.com/news/news_view.html?ID=210198

26 김도균,《한국 사회에서 정의란 무엇인가》, 아카넷, 2020, 72쪽.

27 카렌 레바크, 이유선 옮김,《정의에 관한 6가지 철학적 논쟁》, 간디서원, 2006, 148쪽.

28 사단법인 기본사회 편집위원회,《기본사회가 꿈꾸는 세상》, 밀알, 2024, 118쪽.

29 김도균,《한국 사회에서 정의란 무엇인가》, 아카넷, 2020, 193쪽.

30 같은 책, 79쪽.

31 같은 책, 78쪽.

32 같은 책, 77쪽.

33 마이클 샌델, 김명철 옮김, 김선욱 감수,《정의란 무엇인가》, 와이즈베리, 2014, 286쪽.

34 김도균,《한국 사회에서 정의란 무엇인가》, 아카넷, 2020, 56쪽.

35 같은 책, 192쪽.

36 같은 책, 153쪽.

37 김비환,《정의는 불온하다》, 개마고원, 2016, 28쪽.

38 사단법인 기본사회 편집위원회,《기본사회가 꿈꾸는 세상》, 밀알, 2024, 114쪽.

39 이 주제에 대해서는《한국인의 마음속엔 우리가 있다》(김태형, 온더페이지)를 참고하라.

40 에리히 프롬, 김병익 옮김,《건전한 사회》, 범우사, 1999, 288쪽.

41 에리히 프롬, 고영복·이철범 옮김,《소유냐 존재냐/사랑한다는 것》, 동서문화사, 2008, 103쪽.

42 에리히 프롬, 문국주 옮김,《불복종에 관하여》, 범우사, 1996, 122쪽.

43 마이클 샌델, 김명철 옮김, 김선욱 감수,《정의란 무엇인가》, 와이즈베리, 2014, 323쪽.

44 사단법인 기본사회 편집위원회,《기본사회가 꿈꾸는 세상》, 밀알, 2024, 서문.

에필로그

1 임마누엘 칸트, 이한구 옮김, 《영구평화론》, 서광사, 2008, 54쪽.

2 OECD 보도자료 "Korea's increase in suicides and psychiatric bed numbers is worrying, says OECD" 참조.

참고문헌 및 인용 출처

강영계, 《청소년을 위한 정의론》, 해냄, 2011

김도균, 《한국 사회에서 정의란 무엇인가》, 아카넷, 2020

김비환, 《정의는 불온하다》, 개마고원, 2016

김호, 《정약용, 조선의 정의를 말하다》, 책문, 2013

마이클 샌델, 김명철 옮김, 김선욱 감수, 《정의란 무엇인가》, 와이즈베리, 2014

박원익·조윤호, 《공정하지 않다》, 지와인, 2019

벤 펜턴, 박정은 옮김, 《공정이란 무엇인가》, 아이콤마, 2023

사단법인 기본사회 편집위원회 엮음, 《기본사회가 꿈꾸는 세상》, 밀알, 2024

안도 슌스케, 송지현 옮김, 《정의감 중독 사회》, 또다른우주, 2023

이택광, 장정일, 이현우, 박홍규, 노정태, 서동진, 이권우, 최원, 이양수, 김도균, 박원익 《무엇이 정의인가》, 마티, 2011

진명일, 《나를 위로하는 정의》, 박영스토리, 2023

카렌 레바크, 이유선 옮김, 《정의에 관한 6가지 철학적 논쟁》, 간디서원, 2006

우리는 왜 가짜 정의에 열광하는가

초판 1쇄 발행 2025년 12월 3일

지은이 • 김태형

펴낸이 • 박선경
기획/편집 • 이유나, 지혜빈, 민석홍, 연사랑
홍보/마케팅 • 박언경, 김경률
표지 디자인 • 박은정
제작 • 디자인원(031-941-0991)

펴낸곳 • 도서출판 갈매나무
출판등록 • 2006년 7월 27일 제395-2006-000092호
주소 • 경기도 고양시 일산동구 호수로 358-39 (백석동, 동문타워 I) 808호
전화 • 031)967-5596
팩스 • 031)967-5597
블로그 • blog.naver.com/kevinmanse
이메일 • kevinmanse@naver.com
페이스북 • www.facebook.com/galmaenamu
인스타그램 • www.instagram.com/galmaenamu.pub

ISBN 979-11-91842-99-9/03300
값 19,000원

• 잘못된 책은 구입하신 서점에서 바꾸어드립니다.